《2020年广东省高素质农民发展指数报告》编委会

主　　编：刘亚平　黄恒福　李振柱　叶正茂
　　　　　胡群宝　游霭琼　周仲高
执行主编：银仲智
编写人员：银仲智　游霭琼　周仲高　贾正晖
　　　　　胡伟民　徐　渊　郭显超　马少华
　　　　　黄焕玲　翟少轩　肖春承　邱志鹏
　　　　　敖耀坤

2020年广东省高素质农民发展指数报告

广东省农业农村厅科技教育处
广东省农民教育培训工作站 ◎ 组编

广东高等教育出版社
Guangdong Higher Education Press

·广州·

图书在版编目（CIP）数据

2020年广东省高素质农民发展指数报告/广东省农业农村厅科技教育处，广东省农民教育培训工作站组编.—广州：广东高等教育出版社，2021.8

ISBN 978-7-5361-7112-1

Ⅰ.①2… Ⅱ.①广…②广… Ⅲ.①农民教育-职业教育-研究报告-广东-2020 Ⅳ.①G725

中国版本图书馆CIP数据核字（2021）第182421号

2020年广东省高素质农民发展指数报告

2020 NIAN GUANGDONG SHENG GAO SUZHI NONGMIN FAZHAN ZHISHU BAOGAO

出版发行	广东高等教育出版社
地　　址	广州市天河区林和西横路（510500）
网　　址	www.gdgjs.com.cn
电　　话	（020）87553335
印　　刷	广州永祥印务有限公司
开　　本	880 mm×1 194 mm　1/16
印　　张	7
字　　数	125千
版　　次	2021年8月第1版
印　　次	2021年8月第1次印刷
定　　价	27.00元

版权所有，翻印必究

凡有印装质量问题，请随时与承印厂调换

前　言

2016年4月，习近平总书记在安徽省调研时强调，要在稳定粮食生产、确保国家粮食安全基础上，着力构建现代农业产业体系、生产体系、经营体系，加快构建职业农民队伍，形成一支高素质农业生产经营者队伍。此后，习近平总书记多次强调，农村经济社会发展，归根到底，关键在人。坚持农业农村优先发展，首先需要培养一支高素质的农民队伍，实现各种要素在农村的资源化配置。党的十九大明确提出，农业农村农民问题是关系国计民生的根本性问题，必须始终把解决好"三农"问题作为全党工作重中之重。2019年8月19日施行的《中国共产党农村工作条例》，明确要求各级党委应当加强农村人才队伍建设，培养一支有文化、懂技术、善经营、会管理的高素质农民队伍，造就更多乡土人才。《中共中央关于制定国民经济和社会发展第十四个五年规划和二〇三五年远景目标的建议》明确提出，提高农民科技文化素质，推动乡村人才振兴。

为科学、系统、准确地掌握当前广东的高素质农民发展现状，参照农业农村部科技教育司、中央农业广播电视学校的经验做法，广东省农业农村厅联合广东省社会科学院省人才发展研究中心开展2020年广东省高素质农民发展问卷调查与指数研究工作。《2020年广东省高素质农民发展指数报告》包括上篇和下篇。上篇重点从发展指数角度对广东省高素质农民情况进行分析，包括指数构建、指数结果及主要指标结果分析等内容。下篇重点从问卷分析角度对广东省高素质农民情况进行调查研究，全景式展示了广东省高素质农民发展的现状特征，总结了党的十八大以来广东促进高素质农民发展的主要做法、取得的成效以及存在的问题，进而提出发展建议。

此次调查工作是广东首次针对高素质农民队伍的一次专题调查与研究，调查工作得到广东省农业农村厅领导的大力支持与关心指导，在调查过程中也得到广东各有关地级以上市农业农村局、各县（市、区）农业农村局和相关培训单位的大力支持，在此表示衷心的感谢！

书中如有不当之处，敬请批评指正。

编委会
2020年12月

目录

- 上篇 ··· 1
  - 一、发展指数构建及意义 ··· 1
    - （一）发展指数的指标体系 ·· 1
    - （二）发展指数的指标说明 ·· 3
    - （三）发展指数的权重确定 ·· 9
    - （四）构建发展指数的意义 ·· 10
  - 二、数据来源与计算方法 ··· 11
    - （一）数据来源 ··· 11
    - （二）调查说明与样本结果 ·· 11
    - （三）计算方法 ··· 12
  - 三、指数结果与比较分析 ··· 14
    - （一）指数结果 ··· 14
    - （二）比较分析 ··· 15
  - 四、主要指标结果分析 ··· 22
    - （一）队伍发展 ··· 22
    - （二）产业水平 ··· 29
    - （三）发展环境 ··· 37
    - （四）示范带动 ··· 41
  - 五、主要结论 ··· 45
    - （一）发展成绩显著 ·· 45
    - （二）发展优势明显 ·· 45
    - （三）发展短板突出 ·· 45
    - （四）地级市发展不平衡 ··· 45
    - （五）区域发展存在差异 ··· 45

下 篇 47

六、广东省高素质农民发展总体情况 47
- （一）高素质农民基本情况 47
- （二）高素质农民教育培训情况 53
- （三）高素质农民生产经营情况 57
- （四）高素质农民职业认同 70
- （五）高素质农民发展环境 71
- （六）高素质农民受新冠肺炎疫情影响情况 76

七、促进广东省高素质农民发展主要做法 79
- （一）突出培育，促进高素质农民转型提质 79
- （二）强化新生力量补充，壮大高素质农民队伍 85
- （三）实施政策扶持激励，增强高素质农民发展能力和动力 85
- （四）搭建交流服务平台，助力高素质农民发展 87
- （五）加强典型宣传，提升农民职业荣誉感 88

八、广东省高素质农民发展的主要成效 88
- （一）壮大了高素质农民队伍 88
- （二）提升了农民素质 88
- （三）增强了示范带动效应 89

九、广东省高素质农民发展存在的主要问题 90
- （一）高素质农民培育质量有待提高 90
- （二）参与积极性不足 91
- （三）政策宣传不到位 91
- （四）发展环境有待改善 91
- （五）政策落地见效仍需努力 92

十、培育壮大广东省高素质农民队伍的建议 92
- （一）推动农民教育培训全面提质增效 92
- （二）营造高素质农民发展的良好环境 94
- （三）加大宣传发动力度 95
- （四）提升高素质农民信息化管理水平 95

图表索引

图

图3-1	广东省高素质农民一级指标发展指数	15
图3-2	广东省高素质农民二级指标发展指数	15
图3-3	广东省18个地级市高素质农民发展总指数	16
图3-4	广东省18个地级市高素质农民一级指标发展指数对比	18
图3-5	"一核一带一区"高素质农民发展总指数	20
图3-6	"一核一带一区"高素质农民一级指标发展指数对比	21
图4-1	广东省与全国高素质农民占第一产业就业人口比重对比	23
图4-2	广东省与全国高素质农民新生力量占比情况对比	25
图4-3	广东省与全国高素质农民高中（中专）及以上学历的人员占比情况对比	26
图4-4	广东省与全国高素质农民自报健康人员占比情况对比	27
图4-5	广东省与全国高素质农民参加职业培训人员占比情况对比	28
图4-6	广东省与全国高素质农民新增接受学历教育人员占比情况对比	28
图4-7	广东省与全国高素质农民机械化占比情况对比	30
图4-8	广东省与全国高素质农民拥有农产品"三品一标"占比情况对比	30
图4-9	广东省与全国高素质农民化肥和农药减施占比情况对比	32
图4-10	广东省与全国高素质农民畜禽粪便资源化利用占比情况对比	32
图4-11	广东省与全国高素质农民秸秆资源化利用占比情况对比	33
图4-12	广东省与全国高素质农民农膜回收占比情况对比	34
图4-13	广东省与全国高素质农民节水灌溉占比情况对比	34
图4-14	广东省与全国高素质农民智能手机和电脑生产经营应用占比情况对比	36
图4-15	广东省与全国高素质农民年人均农业经营纯收入等超全省城镇居民人均可支配收入占比情况对比	36
图4-16	广东省与全国高素质农民享受扶持政策占比情况对比	37
图4-17	广东省与全国高素质农民土地规模经营补贴获得人群占比情况对比	38

图 4-18　广东省与全国高素质农民农业保险参保率对比 …………………… 39
图 4-19　广东省与全国高素质农民医疗保险覆盖率对比 …………………… 40
图 4-20　广东省与全国高素质农民养老保险覆盖率对比 …………………… 41
图 4-21　广东省与全国高素质农民服务带动周边农户占比情况对比 ……… 41
图 4-22　广东省与全国高素质农民县级及以上荣誉或奖励获得占比情况对比 … 42
图 4-23　广东省与全国高素质农民村干部等占比情况对比 ………………… 43
图 6-1　2019 年广东省高素质农民性别结构 ………………………………… 47
图 6-2　2019 年广东省高素质农民年龄结构 ………………………………… 48
图 6-3　2019 年广东省高素质农民受教育程度结构 ………………………… 48
图 6-4　2019 年广东省新型经营主体带头人类型占比 ……………………… 49
图 6-5　2019 年广东省高素质农民各类社会身份占比 ……………………… 50
图 6-6　2019 年广东省高素质农民县级及以上人民代表大会代表、政协委员占比 … 50
图 6-7　2019 年广东省高素质农民获县级及以上荣誉占比 ………………… 50
图 6-8　2019 年广东省高素质农民中中共党员占比 ………………………… 51
图 6-9　2019 年广东省高素质农民健康状况 ………………………………… 51
图 6-10　2019 年广东省高素质农民参加人才培育工程情况 ………………… 52
图 6-11　2019 年广东省高素质农民自来水入户情况 ………………………… 52
图 6-12　2019 年广东省高素质农民入户路类型 ……………………………… 53
图 6-13　2019 年广东省高素质农民接受职业教育占比 ……………………… 53
图 6-14　2019 年广东省高素质农民接受职业教育意愿 ……………………… 54
图 6-15　2019 年广东省高素质农民接受学历教育占比 ……………………… 54
图 6-16　2019 年广东省高素质农民接受学历教育层次结构 ………………… 55
图 6-17　2019 年广东省高素质农民接受农业生产经营相关培训占比 ……… 55
图 6-18　2019 年广东省高素质农民各类培训项目人员占比 ………………… 56
图 6-19　2019 年广东省高素质农民培训满意度占比 ………………………… 56
图 6-20　2019 年广东省高素质农民希望接受的培训内容 …………………… 57
图 6-21　2019 年广东省高素质农民从事农业生产经营时间 ………………… 57
图 6-22　2019 年广东省高素质农民职业经历 ………………………………… 58
图 6-23　2019 年广东省高素质农民农业生产经营范围 ……………………… 58
图 6-24　2019 年广东省高素质农民生产经营使用雇工情况 ………………… 59
图 6-25　2019 年广东省高素质农民购买农资渠道 …………………………… 59
图 6-26　2019 年广东省高素质农民第一种主要作物分布 …………………… 60
图 6-27　2019 年广东省高素质农民亩均化肥用量变化情况 ………………… 60
图 6-28　2019 年广东省高素质农民亩均农药用量变化情况 ………………… 61
图 6-29　2019 年广东省高素质农民地里作物秸秆的处理方式 ……………… 61

图 6-30	2019年广东省高素质农民主要农作物灌溉方式	62
图 6-31	2019年广东省高素质农民农膜处理方式	62
图 6-32	2019年广东省高素质农民未来经营土地意愿	63
图 6-33	2019年广东省高素质农民第一种主要养殖物	63
图 6-34	2019年广东省高素质农民畜禽粪便的处理方式	64
图 6-35	2019年广东省高素质农民未来养殖经营规模意愿	64
图 6-36	2019年广东省高素质农民获得"三品一标"认证的产品类型	65
图 6-37	2019年广东省高素质农民的农产品订单销售情况	65
图 6-38	2019年广东省高素质农民的农产品注册商标情况	66
图 6-39	2019年广东省高素质农民的农产品追溯情况	66
图 6-40	2019年广东省高素质农民农产品销售渠道	67
图 6-41	2019年广东省高素质农民加入合作社占比	67
图 6-42	2019年广东省高素质农民与农业企业有联系占比	68
图 6-43	2019年广东省高素质农民经营组织化获得的服务	68
图 6-44	2019年广东省高素质农民领导合作社占比	69
图 6-45	2019年广东省高素质农民拥有农业企业占比	69
图 6-46	2019年广东省高素质农民家庭农场注册或认定情况	70
图 6-47	2019年广东省高素质农民职业评价	70
图 6-48	2019年广东省高素质农民继续从事农业意愿	71
图 6-49	2019年广东省高素质农民对子女从事农业工作的期待	71
图 6-50	2019年广东省高素质农民享受扶持政策占比	72
图 6-51	2019年广东省高素质农民享受扶持政策类型	72
图 6-52	2019年广东省高素质农民农业生产经营面临的主要问题	73
图 6-53	2019年广东省高素质农民扶持政策需求	73
图 6-54	2019年广东省高素质农民获得土地适度规模经营补贴情况	74
图 6-55	2019年广东省高素质农民参加农业保险情况	74
图 6-56	2019年广东省高素质农民贷款需求占比	75
图 6-57	2019年广东省高素质农民贷款供给情况	75
图 6-58	2019年广东省高素质农民贷款难的原因	76
图 6-59	2020年新冠肺炎疫情对广东省高素质农民生产造成的困难	76
图 6-60	2020年新冠肺炎疫情对农业经营销售造成的困难	77
图 6-61	2020年新冠肺炎疫情对种植或养殖结构的影响	77
图 6-62	2020年新冠肺炎疫情对农业生产规模的影响	78
图 6-63	2020年广东省高素质农民农业预期收入变化情况	78

表

表 1-1	广东高素质农民发展指数的指标体系	2
表 1-2	广东省高素质农民发展指数指标体系权重	9
表 2-1	广东省高素质农民发展调查问卷的样本结果	12
表 3-1	广东省高素质农民发展总指数情况	14
表 3-2	广东省 18 个地级市高素质农民发展总指数情况	16
表 3-3	广东省 18 个地级市高素质农民一级指标发展指数情况	17
表 3-4	广东省 18 个地级市高素质农民二级指标发展指数情况	19
表 3-5	"一核一带一区"高素质农民发展总指数情况	20
表 3-6	"一核一带一区"高素质农民一级指标发展指数情况	20
表 3-7	"一核一带一区"高素质农民二级指标发展指数情况	22
表 4-1	"一核一带一区"高素质农民占第一产业就业人口比重情况	23
表 4-2	"一核一带一区"新型农业经营主体带头人占比情况	23
表 4-3	广东省与全国高素质农民年龄结构对比	24
表 4-4	"一核一带一区"45 岁及以下高素质农民占比情况	24
表 4-5	广东省与全国高素质农民从业时间对比	24
表 4-6	"一核一带一区"从业 5 年及以上人员占比情况	24
表 4-7	"一核一带一区"新生力量人员占比情况	25
表 4-8	广东省与全国高素质农民技术技能人才的主要指标对比	26
表 4-9	"一核一带一区"技术技能人才占比情况	26
表 4-10	"一核一带一区"高中（中专）及以上学历的人员占比情况	27
表 4-11	"一核一带一区"自报健康人员占比情况	27
表 4-12	"一核一带一区"参加职业培训人员占比情况	28
表 4-13	"一核一带一区"新增接受学历教育人员占比情况	29
表 4-14	广东省与全国高素质农民规模农业经营的主要指标对比	29
表 4-15	"一核一带一区"规模农业经营户占比情况	29
表 4-16	"一核一带一区"机械化占比情况	30
表 4-17	"一核一带一区"拥有农产品"三品一标"占比情况	31
表 4-18	广东省与全国高素质农民生产经营组织化的主要指标对比	31
表 4-19	"一核一带一区"生产经营组织化占比情况	31
表 4-20	"一核一带一区"化肥和农药减施占比情况	32
表 4-21	"一核一带一区"畜禽粪便的资源化利用占比情况	33
表 4-22	"一核一带一区"秸秆资源化利用占比情况	33
表 4-23	"一核一带一区"农膜回收占比情况	34
表 4-24	"一核一带一区"节水灌溉占比情况	35

表 4-25	广东省与全国高素质农民通过互联网购买农资销售农产品的主要指标占比情况对比	35
表 4-26	"一核一带一区"互联网购买农资销售农产品占比情况	35
表 4-27	"一核一带一区"智能手机和电脑生产经营应用占比情况	36
表 4-28	"一核一带一区"年人均农业经营纯收入等超全省城镇居民人均可支配收入占比情况	37
表 4-29	"一核一带一区"享受扶持政策占比情况	38
表 4-30	"一核一带一区"土地规模经营补贴获得人群占比情况	38
表 4-31	广东省与全国高素质农民贷款需求与供给的主要指标比较	39
表 4-32	"一核一带一区"农业生产经营贷款比例情况	39
表 4-33	"一核一带一区"农业保险参保率情况	40
表 4-34	"一核一带一区"医疗保险覆盖率情况	40
表 4-35	"一核一带一区"养老保险覆盖率情况	41
表 4-36	"一核一带一区"服务带动周边农户占比情况	42
表 4-37	"一核一带一区"县级及以上荣誉或奖励获得占比情况	42
表 4-38	"一核一带一区"村干部等占比情况	43
表 4-39	广东省与全国高素质农民发展主要指标比较	44

上 篇

一、发展指数构建及意义

高素质农民是广大农民中的优秀代表，是建设现代农业的主力军，是农业农村人才队伍的重要组成部分，是乡村振兴人才发展的基础力量。构建高素质农民发展指数，是定量分析高素质农民队伍现状与特征的重要方式，有利于准确反映高素质农民队伍发展状况，揭示其短板弱项，比较不同区域高素质农民发展差异等，对优化高素质农民队伍结构、提高发展质量、促进乡村振兴都具有重要意义。

（一）发展指数的指标体系

高素质农民概念由新型职业农民概念发展演化而来。高素质农民是农民中的一部分，有文化、懂技术、善经营、会管理[1]是其基本特点，主要包括新型农业经营主体带头人、农业经理人、农村创业创新带头人、产业扶贫带头人、农村实用人才带头人、乡村振兴带头人等六类人才[2]。根据《农业农村部办公厅关于做好2020年高素质农民培育工作的通知》要求，当前我国高素质农民重点培育三类人才：农业经理人等经营管理型、种养大户等专业生产型和从事生产经营性服务的技能服务型高素质农民。

构建发展指数指标体系，旨在全方位、多维度、宽领域地反映广东高素质农民队伍的总体状况。广东高素质农民队伍作为一个群体，其发展既受自身素质的影响，也与其发展能力、发展环境紧密相联。本报告按照高素质农民"素质—能力—环境—效果"内在逻辑，分别构建队伍发展、产业水平、发展环境和示范带动4个一级指标，并根据每个一级指标的含义范围，构建13个二级指标和32个三级指标（见表1-1）。

---

[1]《中国共产党农村工作条例》，中国农业出版社，2019。
[2] 中央农业广播电视学校：《2019年全国高素质农民发展指数》，中国农业出版社，2019，第1页。

表 1-1　广东高素质农民发展指数的指标体系

一级指标	二级指标	三级指标
队伍发展	队伍规模	（1）高素质农民占第一产业就业人口比重
		（2）农业经理人占比
	队伍结构	（3）新型农业经营主体带头人占比
		（4）45 岁及以下人员占比
		（5）从业 5 年及以上人员占比
		（6）新生力量人员占比
	队伍质量	（7）技术技能人才占比
		（8）高中（中专）及以上受教育程度人员占比
		（9）自报健康人员占比
	教育培训	（10）参加职业培训人员占比
		（11）新增接受学历教育人员占比
产业水平	生产经营	（12）规模农业经营户占比
		（13）机械化占比
		（14）拥有农产品"三品一标"占比
		（15）生产经营组织化占比
	绿色经营	（16）化肥和农药减施占比
		（17）畜禽粪便资源化利用占比
		（18）秸秆资源化利用占比
		（19）农膜回收占比
		（20）节水灌溉占比
	信息化	（21）互联网购买农资销售农产品占比
		（22）智能手机和电脑生产经营应用占比
发展环境	经济收入	（23）年人均农业经营纯收入等超全省城镇居民人均可支配收入占比
	扶持政策	（24）享受扶持政策占比
		（25）土地规模经营补贴获得人群占比
	金融保险	（26）农业生产经营贷款比例
		（27）农业保险参保率
	公共服务	（28）等同城镇职工的医疗保障占比
		（29）等同城镇职工的养老保障占比
示范带动	辐射带动	（30）服务带动周边农户占比
	社会认可	（31）县级及以上荣誉或奖励获得占比
		（32）村干部等占比

（二）发展指数的指标说明

1. 高素质农民占第一产业就业人口比重

指标意义：反映高素质农民队伍的数量发展水平。

计算公式：高素质农民占第一产业就业人口比重＝高素质农民数量/第一产业就业人口总数 ×100%。

数据来源：高素质农民数量根据广东省农业农村厅提供的数据汇总而成。2019年，全省高素质农民共有81万人；根据《广东统计年鉴（2020）》的数据，2019年，广东第一产业就业人数为1300.61万人。

2. 农业经理人占比

指标意义：反映高素质农民队伍中农业经理人的结构情况。

计算公式：农业经理人占比＝农业经理人数量/高素质农民总量 ×100%。

数据来源：根据问卷样本量的对应指标计算所得。

3. 新型农业经营主体带头人占比

指标意义：反映高素质农民队伍中新型农业经营主体带头人的结构情况。

计算公式：新型农业经营主体带头人占比＝新型农业经营主体带头人数量/高素质农民总量 ×100%。

数据来源：根据问卷样本量的对应指标计算所得。

4. 45岁及以下人员占比

指标意义：反映高素质农民队伍的年龄结构情况，衡量人才队伍年轻化水平。

计算公式：45岁及以下人员占比＝45岁及以下高素质农民总数/高素质农民总量 ×100%。

数据来源：根据问卷样本量的对应指标计算所得。

5. 从业5年及以上人员占比

指标意义：反映高素质农民队伍的从业经验情况，是衡量人才队伍经验水平的重要指标。

计算公式：从业5年及以上人员占比＝从业5年及以上高素质农民总数/高素质农民总量 ×100%。

数据来源：根据问卷样本量的对应指标计算所得。

6. 新生力量人员占比

指标意义：反映高素质农民队伍中新生力量人员（指大学生村官、进城务工返乡人员、退伍军人和科技研发推广人员等）在高素质农民中的结构情况。

计算公式：新生力量人员占比 = 新生力量人员数量 / 高素质农民总量 ×100%。

数据来源：根据问卷样本量的对应指标计算所得。

7. 技术技能人才占比

指标意义：反映高素质农民技术技能水平情况。

计算公式：技术技能人才占比 =（获得农民技术人员职称人才数 + 获得国家职业资格证书的人才数）/ 高素质农民总量 ×100%。

数据来源：根据问卷样本量的对应指标计算所得。

8. 高中（中专）及以上受教育程度人员占比

指标意义：反映高素质农民受教育程度情况。

计算公式：高中（中专）及以上受教育程度人员占比 = 具有高中（中专）及以上受教育程度的高素质农民总数 / 高素质农民总量 ×100%。

数据来源：根据问卷样本量的对应指标计算所得。

9. 自报健康人员占比

指标意义：反映高素质农民的身体健康情况。

计算公式：自报健康人员占比 = 自报健康的高素质农民总数 / 高素质农民总量 ×100%。

在问卷设计中，自报健康分为"健康""长期慢性病""患有大病""残疾" 4 个选项，选择"健康"的视为自报健康的高素质农民。

数据来源：根据问卷样本量的对应指标计算所得。

10. 参加职业培训人员占比

指标意义：反映高素质农民接受农业生产经营培训的情况，从非正规教育层面反映其人力资本水平。

计算公式：参加职业培训人员占比 = 参加过职业培训的高素质农民总数 / 高素质农民总量 ×100%。

数据来源：根据问卷样本量的对应指标计算所得。

11. 新增接受学历教育人员占比

指标意义：反映高素质农民继续接受学历教育的情况。

计算公式：新增接受学历教育人员占比 = 新增接受学历教育的高素质农民总数 / 高素质农民总量 ×100%。

数据来源：根据问卷样本量的对应指标计算所得。

12. 规模农业经营户占比

指标意义：反映高素质农民农业生产经营的规模化水平。

计算公式：规模农业经营户占比 = 满足农业规模化标准的高素质农民总数 / 高素质农民总量 ×100%。

根据《第三次全国农业普查主要数据公报》，全年农林牧渔业各类农产品销售总额达到 10 万元及以上的农业经营户即可认定为规模农业经营户。

数据来源：根据问卷样本量的对应指标计算所得。

13. 机械化占比

指标意义：反映高素质农民农业生产经营的机械化水平。

计算公式：机械化占比 =［(机耕的高素质农民数量 / 高素质农民总量)×0.4+(机播的高素质农民数量 / 高素质农民总量)×0.3+(机收的高素质农民数量 / 高素质农民总量)×0.3］×100%

数据来源：根据问卷样本量的对应指标计算所得。

14. 拥有农产品"三品一标"占比

指标意义：反映高素质农民农业生产经营的品牌化水平。

计算公式：拥有农产品"三品一标"占比 = 拥有农产品"三品一标"的高素质农民数量 / 高素质农民总量 ×100%。

"三品一标"是无公害农产品、绿色食品、有机农产品和农产品地理标志的统称，是政府主导的安全优质农产品公共品牌，也是当前和今后一个时期农产品生产消费的主导产品。本报告中拥有农产品"三品一标"是指拥有其中任意一项。

数据来源：根据问卷样本量的对应指标计算所得。

15. 生产经营组织化占比

指标意义：反映高素质农民农业生产经营的组织化程度。

计算公式：生产经营组织化占比 = 参加合作社或与农业企业有生产经营联系的高素质农民总数 / 高素质农民总量 ×100%。

数据来源：根据问卷样本量的对应指标计算所得。

16. 化肥和农药减施占比

指标意义：是反映高素质农民"一控两减三基本"水平的指标之一，主要反映高素质农民减少化肥和农药用量的情况。

计算公式：化肥和农药减施占比 = 年际减量施用化肥和农药的高素质农民数量 / 高素质农民总量 ×100%。

数据来源：根据问卷样本量的对应指标计算所得。

17. 畜禽粪便资源化利用占比

指标意义：是反映高素质农民"一控两减三基本"水平的指标之一，主要反映高素质农民基本实现畜禽粪便资源化利用情况。

计算公式：畜禽粪便资源化利用占比＝采用畜禽粪便资源化利用的高素质农民数量/高素质农民总量×100%。

在问卷中，本报告把"发酵或堆沤后，做有机肥""发酵或堆沤后，做饲料""做沼气，沼渣做有机肥"3种处理方式视为畜禽粪便资源化利用。

数据来源：根据问卷样本量的对应指标计算所得。

18. 秸秆资源化利用占比

指标意义：是反映高素质农民"一控两减三基本"水平的指标之一，主要反映高素质农民基本实现秸秆资源化利用情况。

计算公式：秸秆资源化利用占比＝进行秸秆资源化利用（采用机械化还田，卖给养殖场、发电厂或其他主体，再利用）的高素质农民数量/高素质农民总量×100%。

数据来源：根据问卷样本量的对应指标计算所得。

19. 农膜回收占比

指标意义：是反映高素质农民"一控两减三基本"水平的指标之一，主要反映高素质农民基本实现农膜资源化利用情况。

计算公式：农膜回收占比＝进行农膜回收的高素质农民数量/高素质农民总量×100%。

数据来源：根据问卷样本量的对应指标计算所得。

20. 节水灌溉占比

指标意义：是反映高素质农民"一控两减三基本"水平的指标之一，主要反映高素质农民控制农业用水量的情况。

计算公式：节水灌溉占比＝采用节水灌溉的高素质农民数量/高素质农民总量×100%。

本报告把喷灌、微喷灌、滴灌和渗灌视为节水灌溉方式。

数据来源：根据问卷样本量的对应指标来计算。

21. 互联网购买农资销售农产品占比

指标意义：反映高素质农民农业生产经营信息化水平。

计算公式：互联网购买农资销售农产品占比＝使用互联网购买农资或销售农产品的高素质农民数量／高素质农民总量×100%。

数据来源：根据问卷样本量的对应指标计算所得。

22. 智能手机和电脑生产经营应用占比

指标意义：反映高素质农民农业生产经营信息化水平。

计算公式：智能手机和电脑生产经营应用占比＝将智能手机和电脑应用于农业生产经营的高素质农民数量／高素质农民总量×100%。

将智能手机和电脑应用于农业生产经营的范围包括搜集农产品市场信息、购买农资、销售农产品和学习农业知识。

数据来源：根据问卷样本量的对应指标来计算。

23. 年人均农业经营纯收入等超全省城镇居民人均可支配收入占比

指标意义：反映高素质农民从事农业生产经营的收入水平。

计算公式：年人均农业经营纯收入等超全省城镇居民人均可支配收入占比＝年人均农业经营纯收入等超全省城镇居民人均可支配收入的高素质农民数量／高素质农民总量×100%。

年人均农业纯收入＝（家庭农业总收入－家庭农业总支出）／家庭从事农业为主的人数。2019年全省城镇居民人均可支配收入48117.55元。

数据来源：年人均农业纯收入根据问卷样本量的对应指标计算所得；2019年全省城镇居民人均可支配收入来源于《广东统计年鉴（2020）》。

24. 享受扶持政策占比

指标意义：反映高素质农民获得政府扶持政策的情况。

计算公式：享受扶持政策占比＝获得任何一项扶持政策的高素质农民总量／高素质农民总量×100%。

数据来源：根据问卷样本量的对应指标计算所得。

25. 土地规模经营补贴获得人群占比

指标意义：反映政府对高素质农民发展规模经营的政策支持程度。

计算公式：土地规模经营补贴获得人群占比＝获得土地规模经营补贴的高素质农民数量／高素质农民总量×100%。

数据来源：根据问卷样本量的对应指标计算所得。

26. 农业生产经营贷款比例

指标意义：反映高素质农民所在地区金融服务环境水平。

计算公式：农业生产经营贷款比例 = 获得农业生产经营贷款的高素质农民数量 / 当地有贷款需求的高素质农民样本总量 × 100%。

数据来源：根据问卷样本量的对应指标计算所得。

27. 农业保险参保率

指标意义：反映高素质农民所在地区的农业保险环境水平。

计算公式：农业保险参保率 = 参加任何农业保险的高素质农民总量 / 高素质农民总量 × 100%。

数据来源：根据问卷样本量的对应指标计算所得。

28. 等同城镇职工的医疗保障占比

指标意义：反映高素质农民所在地区医疗保障层面的公共服务环境水平。

计算公式：等同城镇职工的医疗保障占比 = 享受等同城镇职工的医疗保障的高素质农民总量 / 高素质农民总量 × 100%。

等同情况分为两类：一是实际享受到城镇职工医疗保险；二是享受城乡居民基本医疗保险，且认为和城镇职工医疗保险待遇等同或更好。

数据来源：根据问卷样本量的对应指标计算所得。

29. 等同城镇职工的养老保障占比

指标意义：反映高素质农民所在地区养老保障层面的公共服务环境水平。

计算公式：等同城镇职工的养老保障占比 = 享受等同城镇职工的养老保障的高素质农民总量 / 高素质农民总量 × 100%。

等同情况分为两类：一是实际享受到城镇职工养老保险；二是享受城乡居民养老保险，且认为和城镇职工养老保险待遇等同或更好。

数据来源：根据问卷样本量的对应指标计算所得。

30. 服务带动周边农户占比

指标意义：反映高素质农民服务带动周边农户的水平。

计算公式：服务带动周边农户占比 = 为周边农户提供服务或带动周边农户的高素质农民总量 / 高素质农民总量 × 100%。

服务带动指标主要包括提供农业技术指导、统一购买农资、统一销售农产品和提供农业信息。

数据来源：根据问卷样本量的对应指标计算所得。

31. 县级及以上荣誉或奖励获得占比

指标意义：反映高素质农民的模范表率作用。

计算公式：县级及以上荣誉或奖励获得占比 = 受到县级以上荣誉或奖励的高素质农民总量 / 高素质农民总量 × 100%

数据来源：根据问卷样本量的对应指标计算所得。

32. 村干部等占比

指标意义：反映高素质农民的社会认可程度。

计算公式：村干部等占比 = 担任村干部或县级及以上人民代表大会代表、政协委员的高素质农民总量 / 高素质农民总量 × 100%。

数据来源：根据问卷样本量的对应指标计算所得。

（三）发展指数的权重确定

高素质农民发展指数的指标权重采用主观赋权法确定。主观赋权法的特点在于集中专家的经验与意见，确定各指标的权重。该方法确定的权重不是随意设想的，而是专家在长期工作中对评估对象实践经验的反映。该方法确定权重的步骤是：选取对此问题有研究的专家，由专家根据经验知识对指标权重做出判断，汇总专家的权重系数并取平均值作为指标体系的最终权重。

根据指数构建要求，本报告选取了此领域的研究专家，按主观赋权法对发展指数的指标体系进行赋权。经汇总计算，求得广东省高素质农民发展指数的指标体系权重（见表1-2）。

表1-2　广东省高素质农民发展指数指标体系权重

一级指标	一级权重	二级指标	二级权重	三级指标	三级权重
队伍发展	0.3250	队伍规模	0.2143	（1）高素质农民占第一产业就业人口比重	1.0000
		队伍结构	0.2000	（2）农业经理人占比	0.3000
				（3）新型农业经营主体带头人占比	0.3125
				（4）45岁及以下人员占比	0.1875
				（5）从业5年及以上人员占比	0.2000
				（6）新生力量人员占比	0.2125
		队伍质量	0.3286	（7）技术技能人才占比	0.3625
				（8）高中（中专）及以上受教育程度人员占比	0.3000
				（9）自报健康人员占比	0.1250
		教育培训	0.2571	（10）参加职业培训人员占比	0.5250
				（11）新增接受学历教育人员占比	0.4750

续上表

一级指标	一级权重	二级指标	二级权重	三级指标	三级权重
产业水平	0.3875	生产经营	0.3000	（12）规模农业经营户占比	0.2750
				（13）机械化占比	0.2625
				（14）拥有农产品"三品一标"占比	0.2750
				（15）生产经营组织化占比	0.1875
				（16）化肥和农药减施占比	0.1875
		绿色经营	0.2250	（17）畜禽粪便资源化利用占比	0.2375
				（18）秸秆资源化利用占比	0.1625
				（19）农膜回收占比	0.2000
				（20）节水灌溉占比	0.2125
		信息化	0.1375	（21）互联网购买农资销售农产品占比	0.5000
				（22）智能手机和电脑生产经营应用占比	0.5000
		经济收入	0.3375	（23）年人均农业经营纯收入等超全省城镇居民人均可支配收入占比	1.0000
发展环境	0.1750	扶持政策	0.4500	（24）享受扶持政策占比	0.5250
				（25）土地规模经营补贴获得人群占比	0.4750
		金融保险	0.2750	（26）农业生产经营贷款比例	0.5125
				（27）农业保险参保率	0.4875
		公共服务	0.2750	（28）等同城镇职工的医疗保障占比	0.5000
				（29）等同城镇职工的养老保障占比	0.5000
示范带动	0.1125	辐射带动	0.6500	（30）服务带动周边农户占比	1.0000
		社会认可	0.3500	（31）县级及以上荣誉或奖励获得占比	0.4750
				（32）村干部等占比	0.5250

（四）构建发展指数的意义

培养高素质农民是实现农业农村现代化的重要保障。当前，广东正着力推进乡村振兴，促进区域协调发展，培育一支高素质的精勤农民队伍，这对实施乡村振兴战略、加快农业农村现代化走在全国前列具有重要战略意义。

构建广东省高素质农民发展指数，对推进农业农村发展工作也有重要现实价值。一方面，高素质农民发展指数构建为科学判断事实提供了量化依据。高素质农民发展指数，是综合衡量高素质农民队伍发展、产业水平、发展环境和示范带动的综合指标，可以较全面地衡量当前高素质农民的发展程度与短板弱项，为科学判断事实、精准有效施策提供重要依据。

另一方面，高素质农民发展指数也是评价地方及区域高素质农民发展差异的客观量度。区域发展不平衡是广东的重要特征之一，在农村发展方面同样如此。构建高素质农民发展指标体系并测算出指数，是对现有政府绩效考核制度的补充与完善。高素质农民发展指数的量化特征，具有清晰、明了、准确等优势，可以弥补传统绩效考核过程中缺乏客观数据的局限。以此为尺度，衡量一个地区高素质农民的发展水平，更具说服力与可比性。随着高素质农民发展指数的不断完善，可通过纵向比较和横向比较，科学把握全省和不同区域高素质农民发展特征及其变动轨迹，深化对广东农民发展规律的认识，推进乡村人才振兴，促进区域协调发展，培育一支高素质的精勤农民队伍，对广东实施乡村振兴战略、加快农业农村现代化走在全国前列具有重要战略意义。

二、数据来源与计算方法

（一）数据来源

广东省高素质农民发展指标体系所需数据来源于两大途径：一是省、市公开数据。这部分数据主要包括全省及各地级市的高素质农民总数、第一产业就业人口数等。区域的对应指标按区域范围进行加总。二是问卷调查数据。这部分数据从2020年广东省高素质农民发展调查问卷中获得，是数据的主体来源，指标体系中有32个三级指标数据均来源于此。

（二）调查说明与样本结果

1. 调查说明

2020年广东省高素质农民发展问卷调查在18个地级市[①]（以下简称"调查市"）、94个县（市、区，以下简称"调查县"）、7个培训机构（以下简称"调查机构"）开展。调查个人问卷主要包括高素质农民个人及家庭基本信息、教育培训、生产经营、产品销售、贷款保险等情况。数据统计截止时间为2019年12月31日。2020年广东省高素质农民发展问卷调查采用现场调查形式，由组织单位依据样本量（调查市样本数量按因素法确定，各调查县的样本数量采取分层随机抽样方法确定）随机抽取相应的调查对象进行问卷派发并要求填写。个人问卷的调查对象要能覆盖不同经济发展级别（高、中、低）乡镇，尽量分布在不同村庄，在年龄、学历、技能及经营规模方面具有差异，并符合以下条件：①年龄65岁及以下；②收入

[①] 深圳、中山和东莞三市现在已很少有从事农业的农民，因此此次调查中不包含这三个市，下同。

主要来自农业，以种植业或养殖业为主；③具有一定的专业技能；④种植户土地经营面积大于当地农户平均经营面积；⑤养殖户经营收入大于当地养殖户平均收入；⑥非大型工商资本从业者，非大型企业所有者，非政府、国企、事业单位人员。

2. 样本结果

经汇总统计，本次调查共收回有效样本2122份，涵盖全省18个地级市（见表2-1）。

表2-1 广东省高素质农民发展调查问卷的样本结果

调查市	有效样本量/份	有效样本量占比/%
广州	98	4.62
珠海	31	1.46
汕头	74	3.49
佛山	38	1.79
韶关	256	12.06
河源	108	5.09
梅州	53	2.50
惠州	103	4.85
汕尾	34	1.60
江门	243	11.45
阳江	53	2.50
湛江	275	12.96
茂名	175	8.25
肇庆	60	2.83
清远	345	16.26
潮州	48	2.26
揭阳	53	2.50
云浮	75	3.53
合计	2122	100

（三）计算方法

1. 指标无量纲化方法

在多指标综合评价体系中，由于各评价指标的性质不同，通常具有不同的量纲和数量级。有些指标之间的原始数据不能直接相加，例如每万元的人次与每平方米的人数就不能直接相加。同时，当各指标间的水平相差很大时，如果直接用原始指标值进行分析，就会突出数值较高的指标在综合分析中的作用，相对削弱数值水平较低指标的作用。为了保证评价结果的可比性，需要对原始指标数据进行无量纲化处理，即通过一定的数学公式转换，将各指标的原始数值转化为可直接相加的无量纲化数值。

设综合评价中共有 n 个单位，m 个指标，各指标分别为 x_1、x_2、…、x_m，x_{ij} 表示第 i 个单位的第 j 个指标原始值，s_{ij} 表示经过无量纲化转换处理的第 i 个单位的第 j 个指标原始值，$i=1, 2,\cdots, n$；$j=1,2,\cdots, m$。目前常见的无量纲化处理方法主要有极值化、标准化、均值化方法等。

为便于理解，方便横向（各市之间）与纵向（年份之间）的比较分析，本报告对无量纲化方法进行重新修正，即根据数据采集情况，采用对基于最大值、最小值的无量纲化转换进行修正的方法。无量纲化公式如下：

（1）正相关指标的标准值：

$$S_{ij} = \frac{x_{ij} - \min\limits_{1 \leq i \leq n} x_{ij}}{\max\limits_{1 \leq i \leq n} x_{ij} - \min\limits_{1 \leq i \leq n} x_{ij}} \times 20 + 80$$

（2）负相关指标的标准值：

$$S_{ij} = \frac{\max\limits_{1 \leq i \leq n} x_{ij} - x_{ij}}{\max\limits_{1 \leq i \leq n} x_{ij} - \min\limits_{1 \leq i \leq n} x_{ij}} \times 20 + 80$$

按上述公式调整，广东省高素质农发展相关指标值均无量纲化在 80~100 之间。

2. 指数计算方法

广东省高素质农民发展指数属于多指标的综合评价方法。综合评价是把描述评价对象不同方面的多个指标的信息综合起来，得到一个综合指标，并依据一定的指数生成方法形成综合评价指数，由此对评价对象做一个整体上的评判，并能进行横向或纵向比较。

综合评价指数构建原理：采集所有 n 个地区 t 时期内全部 k 个观测变量的原始值 $x_{ij}(t)$，$(1 \leq i \leq n, 1 \leq j \leq k)$，选择指标的无量纲化技术将原始值转化为相应的无量纲化值 $S_{ij}(t)$；然后依据以下的计算公式对各指标的无量纲化值进行加总；最后生成可用于比较的综合评价指数。

$$QI(t) = \sum_{i,j} w_{ij} \times S_{ij}(t)$$

其中，w_{ij} 表示 i 地区第 j 个评价指标观测变量的相对权重，$S_{ij}(t)$ 表示 i 地区 t 时期第 j 个评价指标观测变量的无量纲化值。

三、指数结果与比较分析

（一）指数结果

经测算，2019年广东省高素质农民发展总指数原始值为0.4835，调整后指数得分[①]为89.67。其中，一级指标的队伍发展、产业水平、发展环境和示范带动的指数得分分别为83.29、83.32、81.70和81.36。在二级指标中，队伍结构的指数得分最高，达81.25；队伍规模的指数得分最低，为80.12（见表3-1、图3-1和图3-2）。

表3-1　广东省高素质农民发展总指数情况

	指数（原始值）	指数得分（调整值）
一级指标		
队伍发展	0.1646	83.29
产业水平	0.1661	83.32
发展环境	0.0851	81.70
示范带动	0.0678	81.36
二级指标		
队伍规模	0.0060	80.12
队伍结构	0.0626	81.25
队伍质量	0.0506	81.01
教育培训	0.0453	80.91
生产经营	0.0518	81.04
绿色经营	0.0459	80.92
信息化	0.0237	80.47
经济收入	0.0447	80.89
扶持政策	0.0395	80.79
金融保险	0.0201	80.40
公共服务	0.0255	80.51
辐射带动	0.0499	81.00
社会认可	0.0178	80.36
总指数	0.4835	89.67

[①] 指数得分是无单位的相对值，为便于表达与理解，仍采用分值法，下同。由于本报告中的指数得分是基于原始值转化而来的，且原始值的指数计算采用分项汇总方法，因此，原始值的总指数值大于二级指标指数，二级指标指数大于三级指标指数，经转化后的指数得分亦如此。

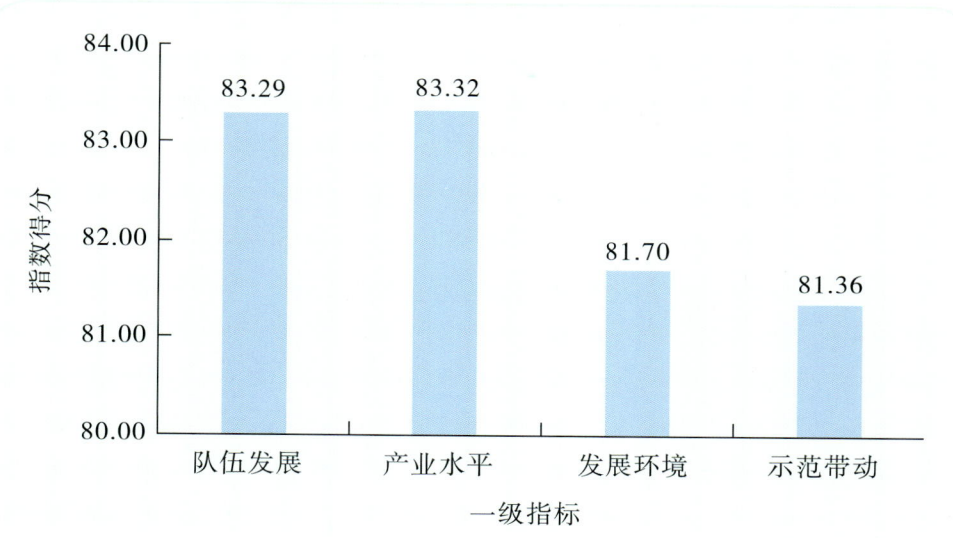

图 3-1 广东省高素质农民一级指标发展指数

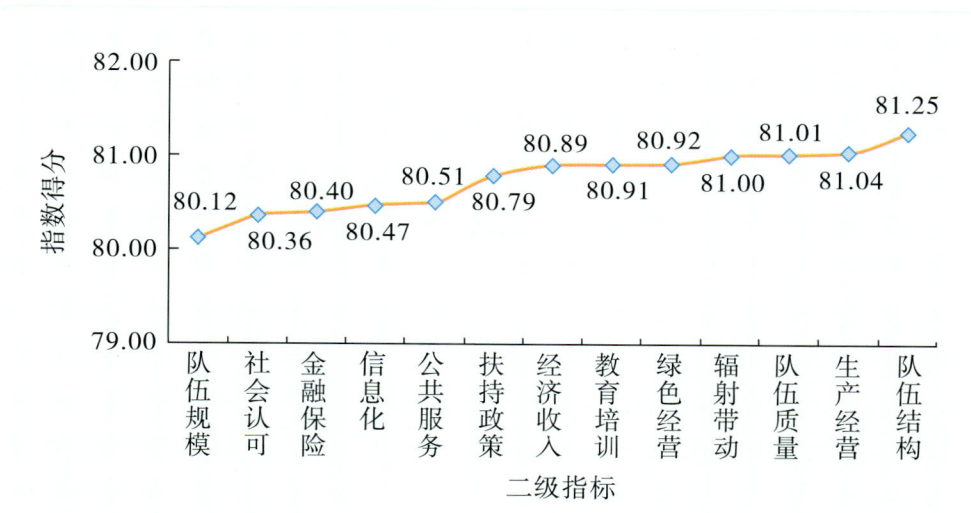

图 3-2 广东省高素质农民二级指标发展指数

（二）比较分析

1. 地级市比较分析

从调查的 18 个地级市来看，各市高素质农民发展指数存在差异（见表 3-2 和图 3-3），其中，珠海的指数得分最高，达 92.96；广州的指数得分最低，为 86.87。

表 3-2 广东省 18 个地级市高素质农民发展总指数情况

地市	指数（原始值）	指数得分（调整值）
珠海	0.6480	92.96
韶关	0.6102	92.20
佛山	0.5599	91.20
肇庆	0.5554	91.11
阳江	0.5336	90.67
茂名	0.4975	89.95
河源	0.4926	89.85
清远	0.4867	89.73
湛江	0.4747	89.49
江门	0.4583	89.17
潮州	0.4542	89.08
揭阳	0.4352	88.70
云浮	0.4258	88.52
梅州	0.4187	88.37
惠州	0.4142	88.28
汕头	0.4093	88.19
汕尾	0.3859	87.72
广州	0.3437	86.87

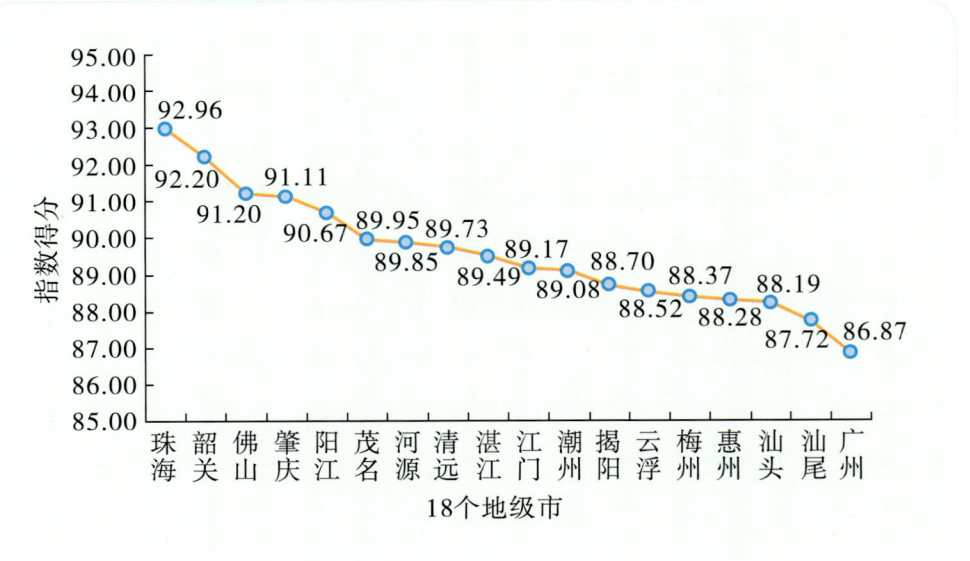

图 3-3 广东省 18 个地级市高素质农民发展总指数

从一级指标的指数得分情况看（见表3-3和图3-4），在队伍发展方面，佛山的指数得分最高，达85.21；广州的指数得分最低，为82.18。在产业水平方面，珠海的指数得分最高，达85.04；云浮的指数得分最低，为81.66。在发展环境方面，云浮的指数得分最高，达82.37；河源的指数得分最低，为80.81。在示范带动方面，韶关的指数得分最高，达81.98；汕头的指数得分最低，为80.41。

表3-3 广东省18个地级市高素质农民一级指标发展指数情况

地市	队伍发展	产业水平	发展环境	示范带动
广州	82.18	82.31	81.74	80.65
珠海	84.22	85.04	81.92	81.78
汕头	83.28	82.94	81.56	80.41
佛山	85.21	83.59	81.30	81.10
韶关	84.20	83.79	82.23	81.98
河源	83.72	83.68	80.81	81.64
梅州	82.94	82.92	81.60	80.92
惠州	82.58	82.95	81.73	81.02
汕尾	82.28	83.86	80.83	80.75
江门	82.85	82.83	82.04	81.44
阳江	83.11	84.92	81.47	81.16
湛江	83.52	83.13	81.22	81.62
茂名	83.09	83.94	81.32	81.60
肇庆	83.54	83.79	82.14	81.63
清远	83.34	83.37	81.97	81.05
潮州	83.22	83.64	81.36	80.86
揭阳	83.70	82.67	81.31	81.03
云浮	82.75	81.66	82.37	81.74

从二级指标的指数得分情况看（见表3-4），在队伍规模方面，珠海的指数得分最高，达81.31；茂名的指数得分最低，为80.00。在队伍结构方面，佛山的指数得分最高，达81.86；汕头的指数得分最低，为80.55。在队伍质量方面，佛山的指数得分最高，达81.50；汕尾的指数得分最低，为80.49。在教育培训方面，揭阳的指数得分最高，达81.55；汕尾的指数得分最低，为80.33。在生产经营方面，阳江的指数得分最高，达81.81；江门的指数得分最低，为80.51。在绿色经营方面，佛山和汕尾的指数得分最高，达81.12；广州的指数得分最低，为80.40。在信息化方面，茂名的指数得分最高，达80.90；云浮的指数得分最低，为

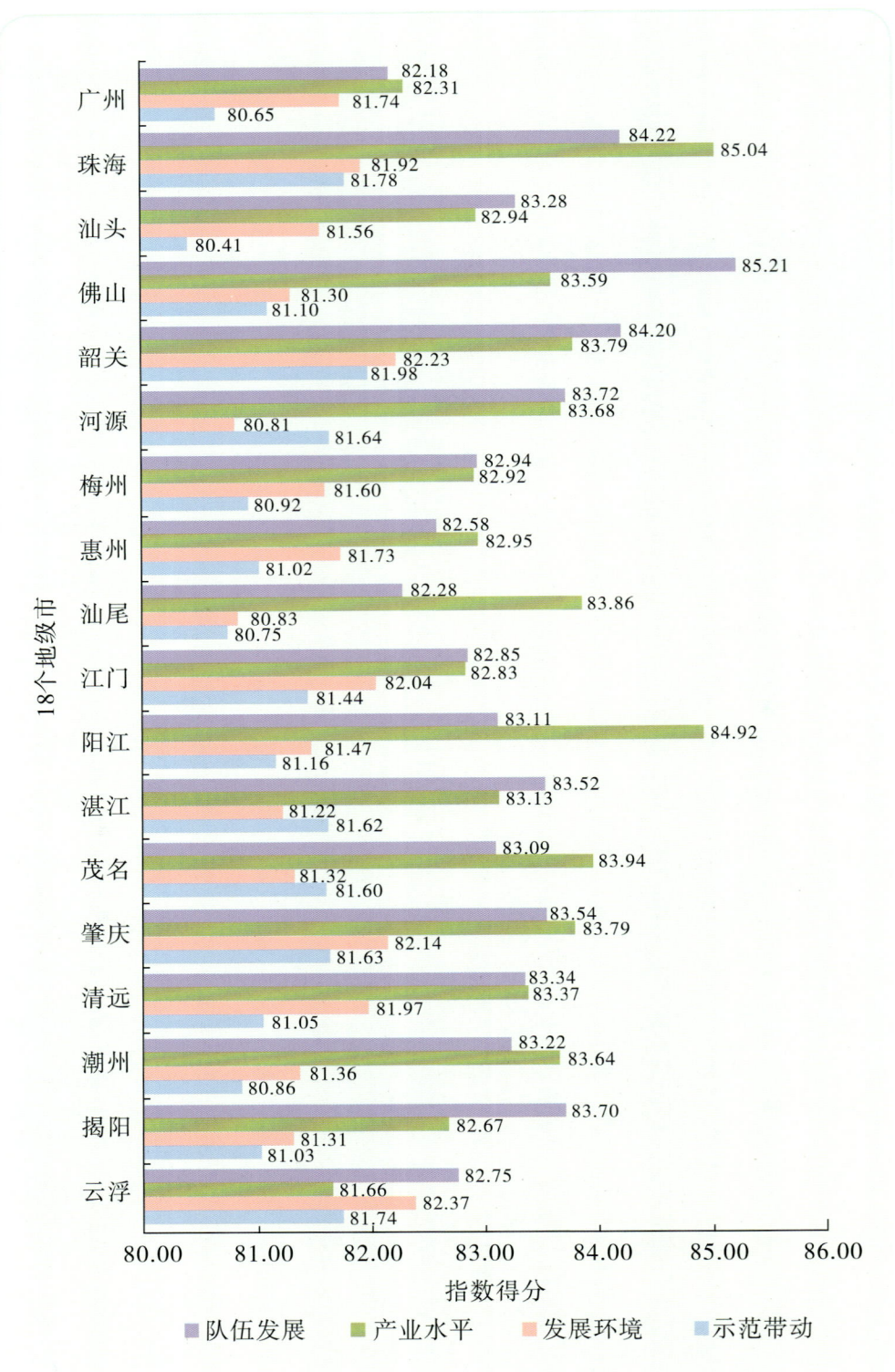

图 3-4　广东省 18 个地级市高素质农民一级指标发展指数对比

80.08。在经济收入方面,珠海的指数得分最高,达82.47;云浮的指数得分最低,为80.00。在扶持政策方面,韶关的指数得分最高,达81.08;汕头的指数得分最低,为80.15。在金融保险方面,汕头的指数得分最高,达80.60;珠海的指数得分最低,为80.23。在公共服务方面,阳江的指数得分最高,达80.85;河源的指数得分最低,为80.04。在辐射带动方面,韶关和云浮的指数得分最高,达81.38;汕头的指数得分最低,为80.00。在社会认可方面,珠海的指数得分最高,达80.69;广州的指数得分最低,为80.00。

表3-4 广东省18个地级市高素质农民二级指标发展指数情况

地市	队伍规模	队伍结构	队伍质量	教育培训	生产经营	绿色经营	信息化	经济收入	扶持政策	金融保险	公共服务	辐射带动	社会认可
广州	80.01	80.98	80.66	80.54	81.16	80.40	80.29	80.46	80.98	80.54	80.22	80.65	80.00
珠海	81.31	81.29	81.00	80.62	81.11	80.93	80.53	82.47	81.00	80.23	80.69	81.09	80.69
汕头	80.15	80.55	81.46	81.11	81.20	80.74	80.73	80.27	80.15	80.60	80.80	80.00	80.41
佛山	80.73	81.86	81.50	81.12	80.89	81.12	80.40	81.17	80.37	80.38	80.55	81.04	80.06
韶关	80.46	81.55	81.22	80.97	81.31	80.80	80.68	81.01	81.08	80.48	80.67	81.38	80.60
河源	80.10	81.36	81.12	81.15	81.50	80.77	80.57	80.83	80.47	80.30	80.04	81.15	80.50
梅州	80.17	81.21	80.75	80.82	81.04	80.74	80.37	80.76	80.77	80.30	80.53	80.50	80.41
惠州	80.22	81.25	80.69	80.42	80.63	81.07	80.51	80.73	80.73	80.29	80.71	80.67	80.35
汕尾	80.07	81.39	80.49	80.33	81.17	81.12	80.41	81.16	80.34	80.25	80.25	80.53	80.22
江门	80.11	81.06	80.98	80.70	80.51	80.74	80.37	81.21	81.02	80.59	80.44	81.16	80.28
阳江	80.19	81.69	80.54	80.69	81.81	80.72	80.33	82.07	80.23	80.39	80.85	80.84	80.33
湛江	80.04	81.32	81.01	81.14	80.75	81.07	80.27	81.04	80.78	80.33	80.11	81.36	80.26
茂名	80.00	81.28	81.19	80.62	81.00	81.10	80.90	80.93	80.61	80.28	80.43	81.28	80.32
肇庆	80.15	81.52	81.07	80.80	80.90	80.99	80.44	81.47	80.89	80.46	80.79	81.06	80.58
清远	80.09	81.19	80.86	81.20	81.14	81.10	80.41	80.72	80.84	80.40	80.74	80.70	80.34
潮州	80.10	81.65	80.97	80.50	81.39	80.87	80.89	80.49	80.68	80.24	80.45	80.62	80.25
揭阳	80.06	80.65	81.45	81.55	81.03	80.90	80.58	80.16	80.21	80.44	80.65	80.59	80.44
云浮	80.05	81.03	81.07	80.61	80.76	80.81	80.08	80.00	81.04	80.58	80.75	81.38	80.36

2. 核带区比较分析

从调查的"一核一带一区"①来看(见表3-5和图3-5),三大区域的高素质农民

---

① 一核:核心区,即珠江三角洲地区,包括广州、深圳、珠海、佛山、惠州、东莞、中山、江门、肇庆9市。一带:沿海经济带,包括珠江三角洲地区沿海7市和东西两翼地区7市。一区:北部生态发展区,包括韶关、梅州、清远、河源、云浮等5市。由于调查中没有涉及深圳、东莞和中山3市,因此对应的核心区及沿海经济带中也没有包括这三个城市,下同。

发展指数存在差异。其中，核心区的指数得分最高，达 89.93；沿海经济带的指数得分最低，为 89.19。

表 3-5 "一核一带一区"高素质农民发展总指数情况

区域	指数（原始值）	指数得分（调整值）
核心区	0.4966	89.93
沿海经济带	0.4595	89.19
生态发展区	0.4868	89.74

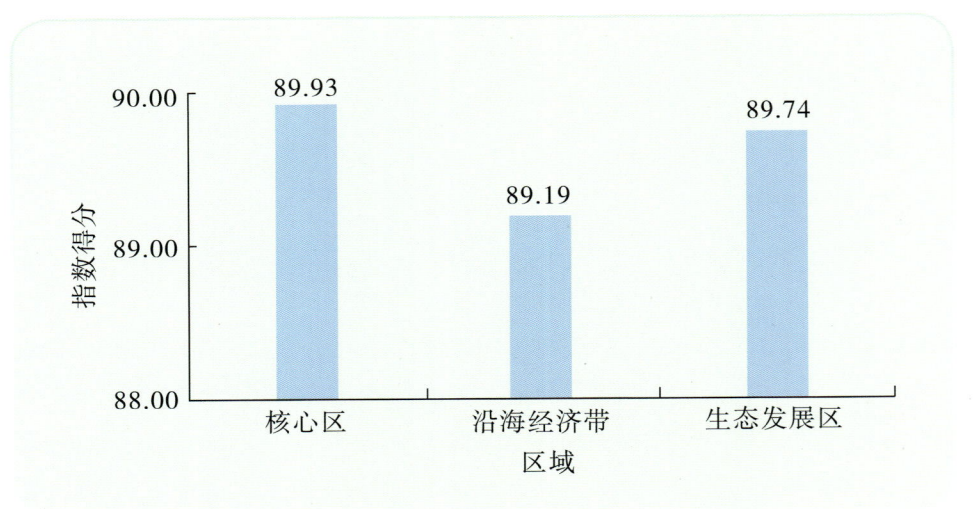

图 3-5 "一核一带一区"高素质农民发展总指数

从一级指标发展指数情况看（见表 3-6 和图 3-6），在队伍发展方面，核心区的指数得分最高，达 83.43；沿海经济带的指数得分稍低，为 83.09。在产业水平方面，沿海经济带的指数得分最高，达 83.47；生态发展区的指数得分最低，为 83.08。在发展环境方面，核心区的指数得分最高，达 81.81；沿海经济带的指数得分最低，为 81.50。在示范带动方面，生态发展区的指数得分最高，达 81.46；沿海经济带的指数得分最低，为 81.12。

表 3-6 "一核一带一区"高素质农民一级指标发展指数情况

区域	队伍发展	产业水平	发展环境	示范带动
核心区	83.43	83.42	81.81	81.27
沿海经济带	83.09	83.47	81.50	81.12
生态发展区	83.39	83.08	81.80	81.46

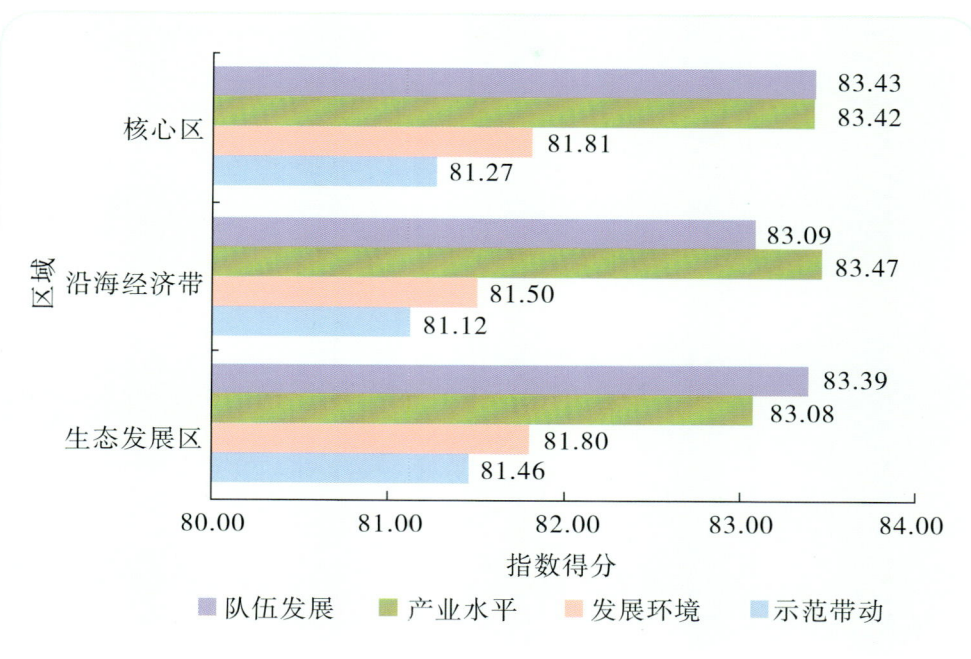

图 3-6 "一核一带一区"高素质农民一级指标发展指数对比

从二级指标发展指数情况看（见图 3-7），在队伍规模方面，核心区的指数得分最高，达 80.42；生态发展区的指数得分最低，为 80.17。在队伍结构方面，核心区的指数得分最高，达 81.33；沿海经济带的指数得分最低，为 81.19。在队伍质量方面，生态发展区的指数得分最高，达 81.00；沿海经济带的指数得分最低，为 80.95。在教育培训方面，生态发展区的指数得分最高，达 80.95；核心区的指数得分最低，为 80.70。在生产经营方面，生态发展区的指数得分最高，达 81.15；核心区的指数得分最低，为 80.87。在绿色经营方面，沿海经济带的指数得分最高，达 80.88；生态发展区的指数得分最低，为 80.84。在信息化方面，沿海经济带的指数得分最高，达 80.53；生态发展区的指数得分最低，为 80.42。在经济收入方面，核心区的指数得分最高，达 81.25；生态发展区的指数得分最低，为 80.66。在扶持政策方面，生态发展区的指数得分与核心区基本持平，达 80.84；沿海经济带的指数得分稍低，为 80.61。在金融保险方面，核心区与生态发展区的指数得分相同，达 80.41；沿海经济带的指数得分稍低，为 80.38。在公共服务方面，核心区的指数得分最高，达 80.57；沿海经济带的指数得分最低，为 80.51。在辐射带动方面，生态发展区的指数得分最高，达 81.02；沿海经济带的指数得分最低，为 80.80。在社会认可方面，生态发展区的指数得分最高，达 80.44；沿海经济带的指数得分最低，为 80.32。

表 3-7 "一核一带一区"高素质农民二级指标发展指数情况

二级指标	核心区	沿海经济带	生态发展区
队伍规模	80.42	80.21	80.17
队伍结构	81.33	81.19	81.27
队伍质量	80.98	80.95	81.00
教育培训	80.70	80.75	80.95
生产经营	80.87	81.07	81.15
绿色经营	80.87	80.88	80.84
信息化	80.43	80.53	80.42
经济收入	81.25	81.00	80.66
扶持政策	80.83	80.61	80.84
金融保险	80.41	80.38	80.41
公共服务	80.57	80.51	80.55
辐射带动	80.94	80.80	81.02
社会认可	80.33	80.32	80.44

四、主要指标结果分析

本部分深入分析指标体系中各个指标的具体情况，并根据数据获得情况，与《2020年全国高素质农民发展报告》中可比指标进行对比分析，研究广东省高素质农民发展的优势与不足。根据"一核一带一区"区域划分，分析广东省高素质农民区域分布特征与差异。

（一）队伍发展

1. 规模快速扩大

近年来，随着高素质农民培育力度加大，广东全省高素质农民队伍规模快速扩大，人员数量增长迅速。据广东省统计局统计，2018年，全省新型职业农民总量为74.1万人；2019年，全省高素质农民总数已达到81.0万人。

2. 占第一产业就业人口比重不高

从相对规模来看，2019年广东省高素质农民占第一产业就业人口比重仅为6.31%，略高于2018年全国平均水平（6.27%）（见图4-1）[1]。从区域来看，核心区高

---

[1]《2020年全国高素质农民发展报告》中删除了此项指标，因此本报告采用2018年的数据做比较。

素质农民占第一产业就业人口比重最高，达 11.50%；生态发展区高素质农民占第一产业就业人口比重较低，为 7.19%（见表 4-1）。

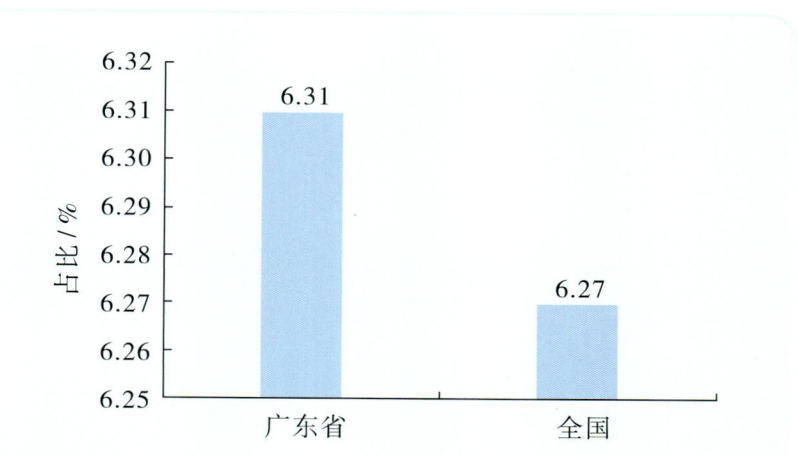

图 4-1　广东省与全国高素质农民占第一产业就业人口比重对比

表 4-1　"一核一带一区"高素质农民占第一产业就业人口比重情况

区域	高素质农民占第一产业就业人口比重 /%
核心区	11.50
沿海经济带	7.79
生态发展区	7.19

3. 新型农业经营主体带头人是主体

调查数据显示，新型农业经营主体带头人占比达到 49.79%，是广东省高素质农民的主体。根据广东省农业农村厅培训数据显示，2018 年举办的新型职业农民培训中，新型农业经营主体带头人占比达到 74.16%。从区域来看，生态发展区新型农业经营主体带头人占比最高，达 57.93%；沿海经济带新型农业经营主体带头人占比较低，为 42.99%（见表 4-2）。

表 4-2　"一核一带一区"新型农业经营主体带头人占比情况

区域	新型农业经营主体带头人占比 /%
核心区	50.42
沿海经济带	42.99
生态发展区	57.93

4. 队伍年龄结构相对年轻

从年龄结构来看，调查数据显示，广东 45 岁及以下的高素质农民占全省高素质农民总量的 60.32%，平均年龄为 42.27 岁，与全国比较，队伍年龄结构相对年轻。2019 年，全国 45 岁及以下高素质农民占比为 43.46%，平均年龄为 46.14 岁（见表 4-3）。

表 4-3　广东省与全国高素质农民年龄结构对比

区域	45 岁及以下人员占比 /%	平均年龄 / 岁
全国	43.46	46.14
广东省	60.32	42.27

从区域来看，沿海经济带 45 岁及以下高素质农民占比最高，达 59.64%；核心区 45 岁及以下高素质农民占比较低，为 55.69%（见表 4-4）。

表 4-4　"一核一带一区" 45 岁及以下高素质农民占比情况

区域	45 岁及以下高素质农民占比 / %
核心区	55.69
沿海经济带	59.64
生态发展区	57.80

5. 从事农业生产经营经验较丰富

调查数据显示，广东省高素质农民从业 5 年及以上人员占比较高，达到 66.28%，平均从业时间为 12.57 年，但显著低于全国占比 91.69%、从业时间 17.46 年的平均水平（见表 4-5）。究其原因，可能与广东省高素质农民队伍年龄结构相对年轻、队伍人员流动性较大等因素有关。

表 4-5　广东省与全国高素质农民从业时间对比

区域	从业 5 年及以上人员占比 /%	平均从业时间 / 年
全国	91.69	17.46
广东省	66.28	12.57

从区域来看，生态发展区从业 5 年及以上人员占比最高，达 70.39%；沿海经济带从业 5 年及以上人员占比较低，为 64.52%（见表 4-6）。

表 4-6　"一核一带一区"从业 5 年及以上人员占比情况

区域	从业 5 年及以上人员占比 / %
核心区	68.27
沿海经济带	64.52
生态发展区	70.39

6. 新生力量人员占比过半

调查数据显示，广东省高素质农民新生力量人员占比达到54.36%，高出全国平均水平（49.40%）4.96个百分点。以大学生村官、进城务工返乡人员、退伍军人、科技研发推广人员等为代表的新生力量人员占比较高，说明广东省高素质农民的后备力量较为充足。

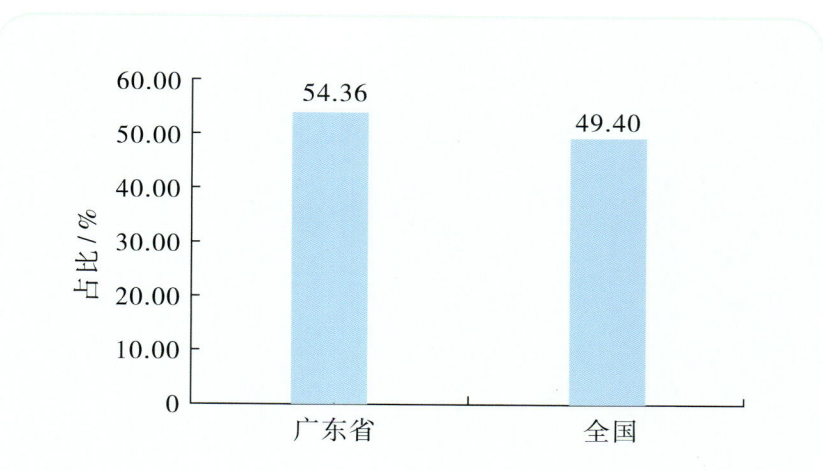

图4-2 广东省与全国高素质农民新生力量占比情况对比

从区域来看，生态发展区新生力量人员占比最高，达60.06%；核心区新生力量人员占比较低，为43.27%（见表4-7）。

表4-7 "一核一带一区"新生力量人员占比情况

区域	新生力量人员占比/%
核心区	43.27
沿海经济带	45.34
生态发展区	60.06

7. 技术技能人才仍紧缺

调查数据显示，广东高素质农民技术技能人才占比仅为37.67%，约高出全国平均水平（23.47%）14.2个百分点。其中，获得农民专业技术人员职称的人才占比为20.77%，比全国平均水平（16.24%）高4.53个百分点；获得国家职业资格证书的人才占比为16.90%，比全国平均水平（11.58%）高5.32个百分点（见表4-8）。尽管广东高素质农民技术技能人才占比高于全国平均水平，但仍无法满足乡村振兴对技术技能人才的需求。

表 4-8　广东省与全国高素质农民技术技能人才的主要指标对比

区域	获得农民专业技术人员职称的人才占比 /%	获得国家职业资格证书的人才占比 /%	技术技能人才占比 / %
全国	16.24	11.58	23.47
广东省	20.77	16.90	37.67

从区域来看，核心区技术技能人才占比最高，达 38.10 %；生态发展区技术技能人才占比较低，为 33.46 %（见表 4-9）。

表 4-9　"一核一带一区"技术技能人才占比情况

区域	技术技能人才占比 / %
核心区	38.10
沿海经济带	37.89
生态发展区	33.46

8. 高中（中专）及以上学历的人员占比超过六成

调查数据显示，广东省高素质农民高中（中专）及以上学历的人员占比达到 65.45%，比全国平均水平（46.71%）高 18.74 个百分点，高素质农民受教育程度优势明显（见图 4-3）。

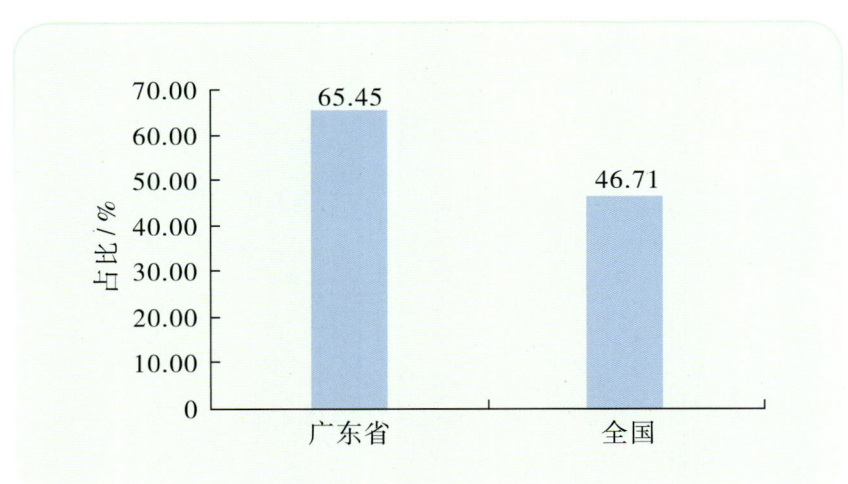

图 4-3　广东省与全国高素质农民高中（中专）及以上学历的人员占比情况对比

从区域来看，核心区高中（中专）及以上学历的人员占比最高，达 71.65 %；沿海经济带高中（中专）及以上学历的人员占比较低，为 66.48 %（见表 4-10）。

表4-10 "一核一带一区"高中(中专)及以上学历的人员占比情况

区域	高中(中专)及以上的人员占比/%
核心区	71.65
沿海经济带	66.48
生态发展区	66.72

9. 身体健康状况良好

调查数据显示，广东省高素质农民自报健康人员占比达到97.90%，比全国平均水平(94.84%)高3.06个百分点，整体健康状况良好(见图4-4)。需要说明的是，主观的自报健康状况与客观的实际健康状况存在一定差距。

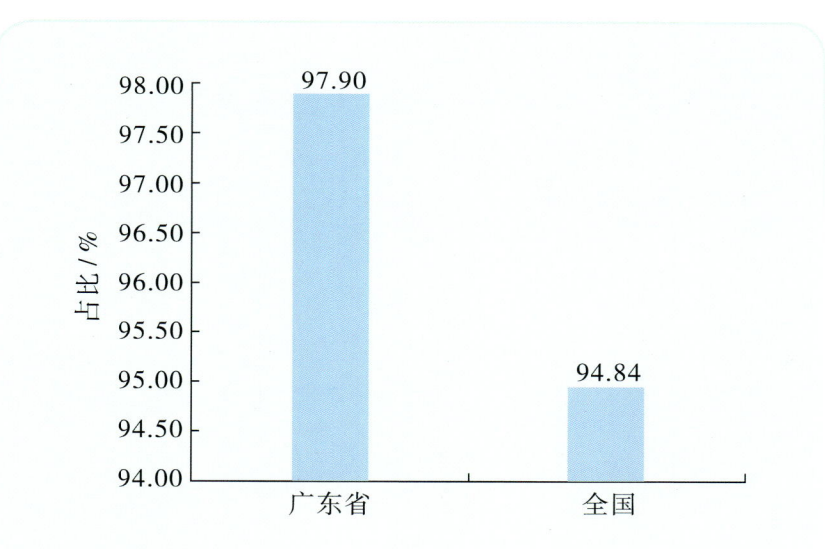

图4-4 广东省与全国高素质农民自报健康人员占比情况对比

从区域来看，沿海经济带自报健康人员占比最高，达98.47%；生态发展区自报健康人员占比较低，为96.38%(见表4-11)。

表4-11 "一核一带一区"自报健康人员占比情况

区域	自报健康人员占比/%
核心区	98.07
沿海经济带	98.47
生态发展区	96.38

10. 参加职业培训人员占比有待提高

调查数据显示，广东省高素质农民参加职业培训人员占比仅为44.34%，比全国平均水平(91.87%)低47.53个百分点，差距十分明显(见图4-5)。

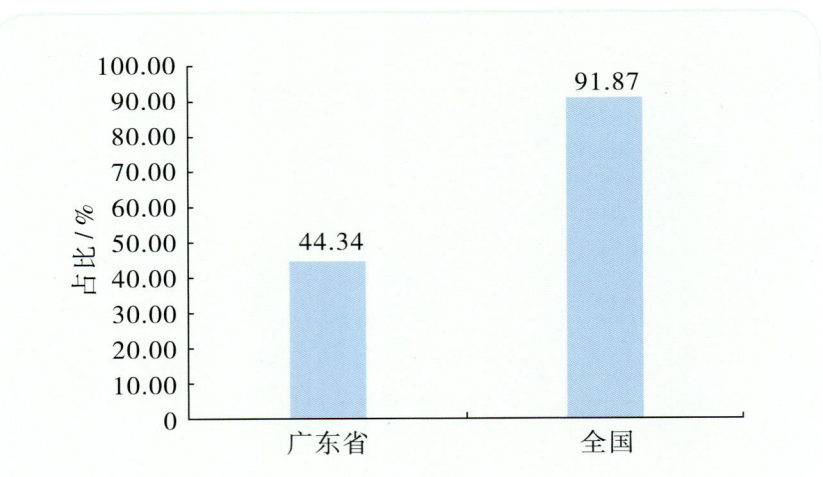

图 4-5 广东省与全国高素质农民参加职业培训人员占比情况对比

从区域来看,生态发展区参加职业培训人员占比最高,达 51.72%;核心区参加职业培训人员占比较低,为 31.51%(见表 4-12)。

表 4-12 "一核一带一区"参加职业培训人员占比情况

区域	参加职业培训人员占比 / %
核心区	31.51
沿海经济带	35.79
生态发展区	51.72

11. 教育培训发展潜力较大

调查数据显示,广东省高素质农民新增接受学历教育人员占比为 28.15%,比全国平均水平(21.35%)高出 6.8 个百分点(见图 4-6),广东省高素质农民的受教育程度提升空间较大。

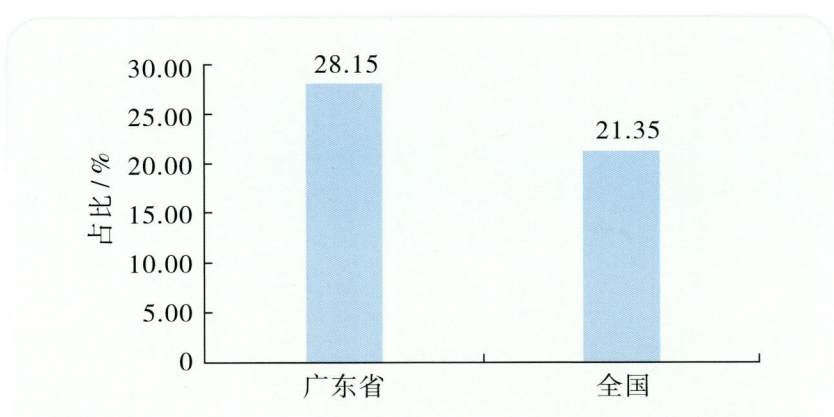

图 4-6 广东省与全国高素质农民新增接受学历教育人员占比情况对比

从区域来看,核心区新增接受学历教育人员占比最高,达 26.53%;生态发展区新增接受学历教育人员占比较低,为 25.34%(见表 4-13)。

表 4-13 "一核一带一区"新增接受学历教育人员占比情况

区域	新增接受学历教育人员占比 / %
核心区	26.53
沿海经济带	26.02
生态发展区	25.34

(二)产业水平

1. 规模化发展低于全国水平

调查数据显示,广东省高素质农民规模农业经营户占比为 52.43%,比全国平均水平(51.18%)高 1.25 个百分点。从土地经营面积来看,广东省高素质农民经营 50 亩及以上的比例为 41.92%,比全国平均水平(52.01%)低 10.09 个百分点(见表 4-14)。

表 4-14 广东省与全国高素质农民规模农业经营的主要指标对比

区域	规模农业经营户占比 / %	经营 50 亩及以上的比例 / %
全国	51.18	52.01
广东省	52.43	41.92

从区域来看,沿海经济带规模农业经营户占比最高,达 57.87%;核心区规模农业经营户占比较低,为 45.91%(见表 4-15)。

表 4-15 "一核一带一区"规模农业经营户占比情况

区域	规模农业经营户占比 / %
核心区	45.91
沿海经济带	57.87
生态发展区	52.58

2. 耕种机械化水平较高

调查数据显示,广东省高素质农民机械化占比为 64.30%,比全国平均水平(52.69%)高 11.61 个百分点(见图 4-7)。农民在机耕、机播或机插秧、机械植保、机械收获、机械烘干等方面的机械化水平较高。

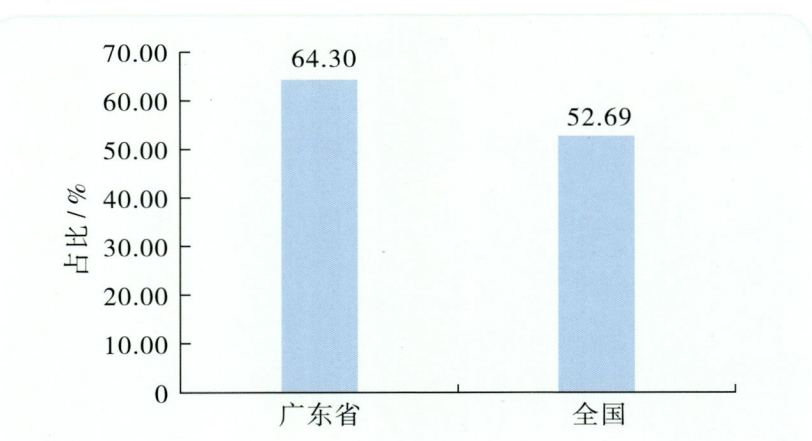

图 4-7　广东省与全国高素质农民机械化占比情况对比

从区域来看，生态发展区机械化占比最高，达 72.71%；核心区机械化占比较低，为 62.68%（见表 4-16）。

表 4-16　"一核一带一区"机械化占比情况

区域	机械化占比 / %
核心区	62.68
沿海经济带	65.68
生态发展区	72.71

3. 近 1/3 的高素质农民拥有农产品"三品一标"

调查数据显示，广东省高素质农民拥有农产品"三品一标"占比为 29.77%，比全国平均水平（24.91%）高 4.86 个百分点（见图 4-8）。农民在争取获得绿色食品认证、有机农产品认证和农产品地理标志认证等方面意识较强，农业生产经营的品牌化发展具有相对优势。

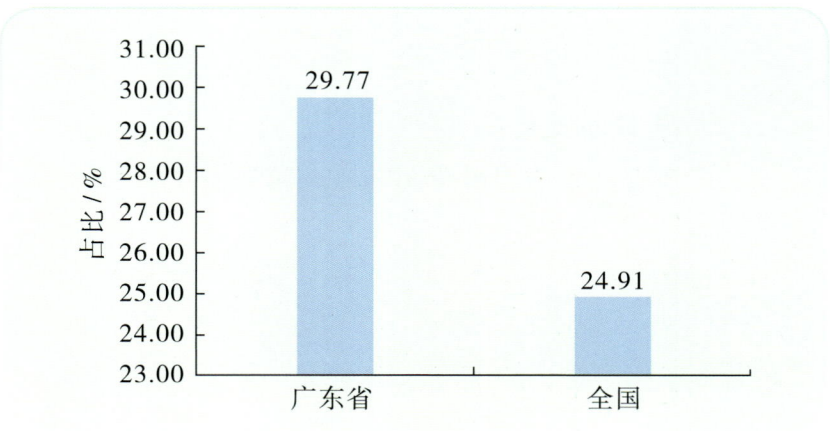

图 4-8　广东省与全国高素质农民拥有农产品"三品一标"占比情况对比

从区域来看，生态发展区拥有农产品"三品一标"占比最高，达 30.13%；核心区拥有农产品"三品一标"占比较低，为 25.45%（见表 4-17）。

表 4-17 "一核一带一区"拥有农产品"三品一标"占比情况

区域	拥有"三品一标"占比 / %
核心区	25.45
沿海经济带	26.34
生态发展区	30.13

4. 生产经营组织化水平不高

调查数据显示，广东省高素质农民生产经营组织化占比为 37.21%，比全国平均水平（53.54%）低 16.33 个百分点，高素质农民生产经营组织化水平偏低，主要原因是农民加入合作社占比较低，仅有 28.49%，比全国平均水平（38.74%）低 10.25 个百分点（见表 4-18）。

表 4-18 广东省与全国高素质农民生产经营组织化的主要指标对比

区域	生产经营组织化占比 / %	农民加入合作社占比 / %	与农业企业有联系占比 / %
全国	53.54	38.74	35.19
广东省	37.21	28.49	39.27

从区域来看，核心区生产经营组织化占比最高，达 40.95%；生态发展区生产经营组织化占比较低，为 36.01%（见表 4-19）。

表 4-19 "一核一带一区"生产经营组织化占比情况

区域	生产经营组织化占比 / %
核心区	40.95
沿海经济带	37.31
生态发展区	36.01

5. 化肥和农药减施压力较大

调查数据显示，广东省高素质农民化肥和农药减施占比为 28.83%，比全国平均水平（30.67%）低 1.84 个百分点（见图 4-9）。

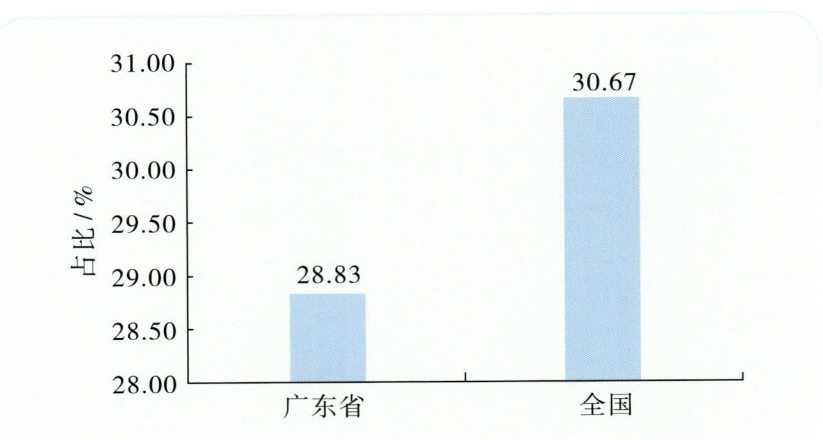

图 4-9　广东省与全国高素质农民化肥和农药减施占比情况对比

从区域来看，生态发展区化肥和农药减施占比最高，达 34.20%；沿海经济带化肥和农药减施占比较低，为 28.08%（见表 4-20）。

表 4-20　"一核一带一区"化肥和农药减施占比情况

区域	化肥和农药减施占比 / %
核心区	28.13
沿海经济带	28.08
生态发展区	34.20

6. 畜禽粪便的资源化利用水平略高全国水平

调查数据显示，广东省 73.50% 的高素质农民实现了针对畜禽粪便的资源化利用，略高于全国平均水平（72.94%）。畜禽粪便的资源化利用水平仍待提升（见图 4-10）。

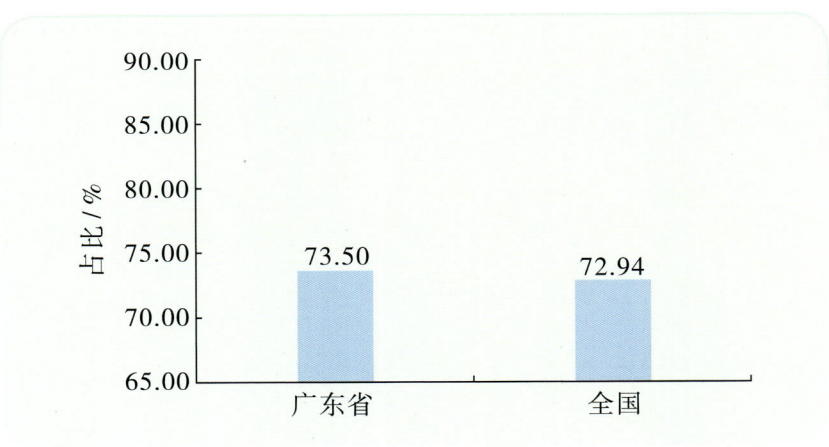

图 4-10　广东省与全国高素质农民畜禽粪便资源化利用占比情况对比

从区域来看，生态发展区畜禽粪便的资源化利用占比最高，达70.06%；核心区畜禽粪便的资源化利用占比较低，为63.75%（见表4-21）。

表4-21 "一核一带一区"畜禽粪便的资源化利用占比情况

区域	畜禽粪便的资源化利用占比 / %
核心区	63.75
沿海经济带	66.92
生态发展区	70.06

7. 秸秆资源化利用仍有提升空间

调查数据显示，广东省79.36%的高素质农民实现了针对秸秆的资源化利用，低于全国平均水平（87.82%）8.46个百分点（见图4-11）。从具体处理方式来看，广东省高素质农民对秸秆的处理主要采用机械化还田（42.19%）、再利用（农家肥、烧火做饭、做饲料）（34.53%）和地头焚烧（16.31%）的方式。

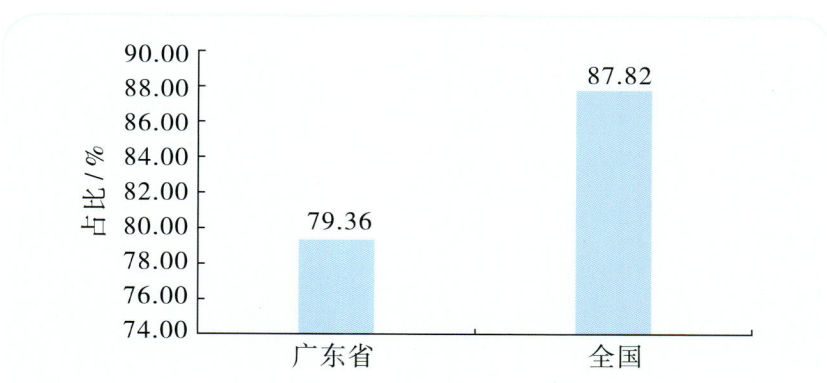

图4-11 广东省与全国高素质农民秸秆资源化利用占比情况对比

从区域来看，生态发展区秸秆资源化利用占比最高，达80.97%；沿海经济带秸秆资源化利用占比较低，为78.32%（见表4-22）。

表4-22 "一核一带一区"秸秆资源化利用占比情况

区域	秸秆资源化利用占比 / %
核心区	78.54
沿海经济带	78.32
生态发展区	80.97

8. 农膜回收处理较好

调查数据显示，广东省94.55%的高素质农民对农膜进行了回收处理或不用农膜（其中，回收处理占比34.60%，不用农膜的占比59.95%），高于全国平均水平（90.01%）4.54 个百分点（见图 4-12），说明高素质农民的环境保护意识不断增强。

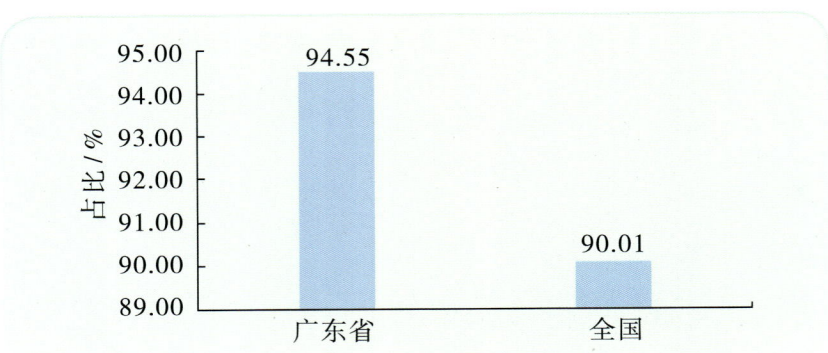

图 4-12　广东省与全国高素质农民农膜回收占比情况对比

从区域来看，核心区农膜回收占比最高，达 98.93%；生态发展区农膜回收占比较低，为 92.59%（见表 4-23）。

表 4-23　"一核一带一区"农膜回收占比情况

区域	农膜回收占比 / %
核心区	98.93
沿海经济带	98.40
生态发展区	92.59

9. 节水灌溉占比接近半数

调查数据显示，广东省 46.83% 的高素质农民采用了节水技术进行灌溉，比全国平均水平（29.97%）高出 16.86 个百分点（见图 4-13）。其中，采用喷灌的比例为 19.80%，采用微喷灌、滴灌、渗灌等节水性灌溉方式的比例有 17.40%，农民节水灌溉应用技术不断提升。

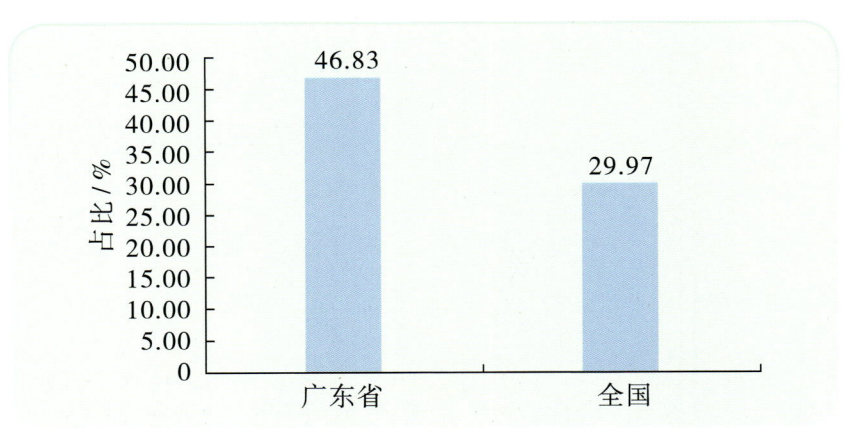

图 4-13　广东省与全国高素质农民节水灌溉占比情况对比

从区域来看，核心区节水灌溉占比最高，达47.47%；生态发展区节水性灌溉占比较低，为35.29%（见表4-24）。

表4-24 "一核一带一区"节水灌溉占比情况

区域	节水灌溉占比 / %
核心区	47.47
沿海经济带	46.26
生态发展区	35.29

10. 互联网购买农资销售农产品占比低

调查数据显示，广东省33.71%的高素质农民通过互联网购买农资销售农产品，比全国平均水平（59.75%）低26.04个百分点。其中，通过互联网购买农资的占比为22.03%，比全国平均水平（52.05%）低30.02个百分点；通过互联网销售农产品的占比为18.99%，比全国平均水平（42.19%）低23.2个百分点（见表4-25）。

表4-25 广东省与全国高素质农民通过互联网购买农资销售农产品的主要指标占比情况对比

区域	互联网购买农资销售农产品占比 / %	互联网购买农资的占比 / %	互联网销售农产品的占比 / %
全国	59.75	52.05	42.19
广东省	33.71	22.03	18.99

从区域来看，沿海经济带通过互联网购买农资销售农产品占比最高，达39.03%；核心区通过互联网购买农资销售农产品占比较低，为31.27%（见表4-26）。

表4-26 "一核一带一区"互联网购买农资销售农产品占比情况

区域	互联网购买农资销售农产品占比 / %
核心区	31.27
沿海经济带	39.03
生态发展区	31.62

11. 智能手机和电脑在生产经营中的应用占比超过70%

调查数据显示，尽管广东省有73.52%的高素质农民通过智能手机和电脑进行农业生产经营活动，但这一比例仍低于全国平均水平（85.37%）11.85个百分点（见图4-14），与广东信息化大省地位不匹配。广东省高素质农民主要通过智能手机和电脑学习农业生产经营知识（59.00%）和搜集产品市场信息（55.80%）。

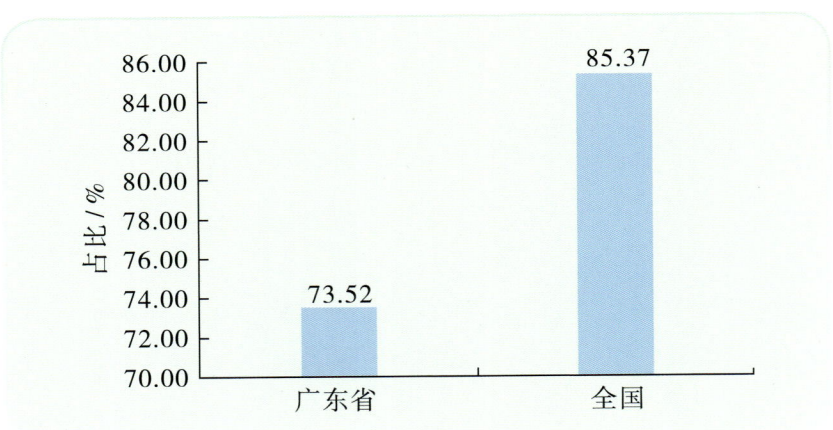

图 4-14　广东省与全国高素质农民智能手机和电脑生产经营应用占比情况对比

从区域来看，沿海经济带的智能手机和电脑生产经营应用占比最高，达 73.69%，生态发展区智能手机和电脑生产经营应用占比较低，为 71.35%（见表 4-27）。

表 4-27　"一核一带一区"智能手机和电脑生产经营应用占比情况

区域	智能手机和电脑生产经营应用占比 / %
核心区	71.83
沿海经济带	73.69
生态发展区	71.35

12. 经济收入超过城镇居民的比例接近 20%

调查数据显示，广东省高素质农民年人均农业经营纯收入等超全省城镇居民人均可支配收入占比为 19.35%，低于全国平均水平（27.76%）8.41 个百分点（见图 4-15）。可见，广东省高素质农民经济收入整体偏低，城乡居民收入差距仍较大。

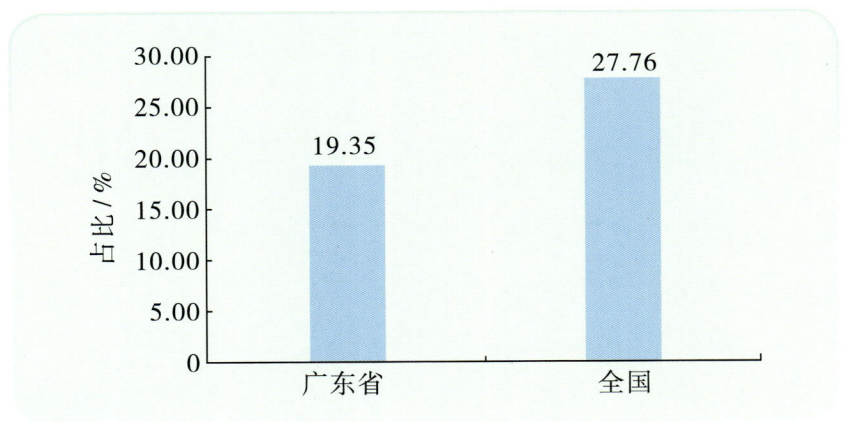

图 4-15　广东省与全国高素质农民年人均农业经营纯收入等超
全省城镇居民人均可支配收入占比情况对比

从区域来看，核心区年人均农业经营纯收入等超全省城镇居民人均可支配收入占比最高，达 24.94%；生态发展区年人均农业经营纯收入等超全省城镇居民人均可支配收入占比较低，为 15.76%（见表 4-28）。

表 4-28 "一核一带一区"年人均农业经营纯收入等超
全省城镇居民人均可支配收入占比情况

区域	年人均农业经营纯收入等超全省城镇居民人均可支配收入占比/%
核心区	24.94
沿海经济带	20.98
生态发展区	15.76

（三）发展环境

1. 扶持政策的覆盖面仍待扩大

调查数据显示，广东省仅 68.02% 的农民享受到了扶持政策，低于全国平均水平（85.98%）17.96 个百分点（见图 4-16）。在享受扶持政策的农民中，只享受到了 1 项政策的超过 60%，全国高素质农民人均享受政策扶持 1.93 项。这说明广东省高素质农民发展扶持政策较为单一，且力度不大，政策覆盖面窄。

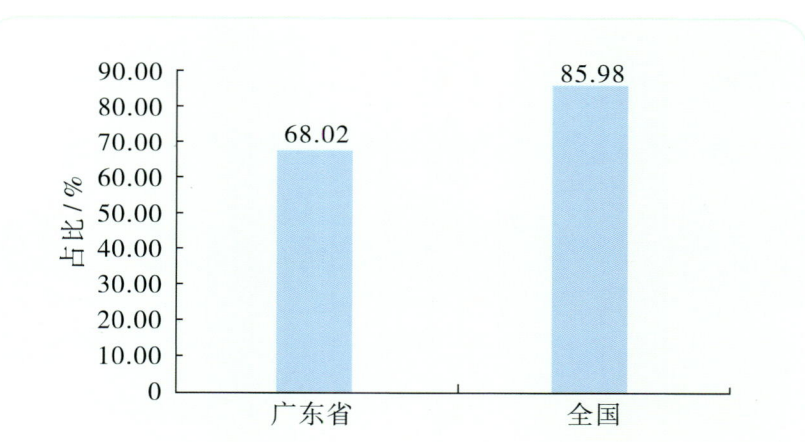

图 4-16 广东省与全国高素质农民享受扶持政策占比情况对比

从区域来看，生态发展区享受扶持政策占比最高，达 72.96%；沿海经济带享受扶持政策占比较低，为 60.72%（见表 4-29）。

表 4-29 "一核一带一区"享受扶持政策占比情况

区域	享受扶持政策占比 / %
核心区	68.50
沿海经济带	60.72
生态发展区	72.96

2. 土地规模经营补贴获得人群比例偏低

调查数据显示，广东省高素质农民土地规模经营补贴获得人群占比为 6.20%，比全国平均水平（13.84%）[①] 低 7.64 个百分点（见图 4-17）。究其原因，可能与广东省土地面积分布较分散等因素有关。

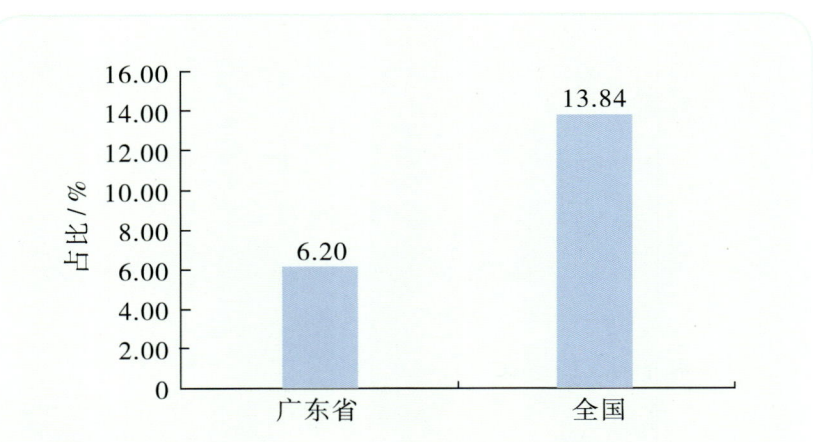

图 4-17 广东省与全国高素质农民土地规模经营补贴获得人群占比情况对比

从区域来看，核心区土地规模经营补贴获得人群占比最高，达 6.79%；生态发展区土地规模经营补贴获得人群占比较低，为 4.78%（见表 4-30）。

表 4-30 "一核一带一区"土地规模经营补贴获得人群占比情况

区域	土地规模经营补贴获得人群占比 / %
核心区	6.79
沿海经济带	6.16
生态发展区	4.78

3. 贷款需求与供给均处于较低水平

调查数据显示，广东省高素质农民农业生产经营贷款比例为 44.60%。全省 36.38% 的高素质农民有贷款需求，但其中只有 39.84% 获得了贷款。而在获得贷款

---

① 此为 2018 年数据。

的高素质农民中，有55.92%获得的贷款不足需求的三分之一。比较而言，无论是贷款需求，还是获得贷款的比例，广东省高素质农民的相关指标数据均低于全国平均水平（见表4-31）。

表4-31 广东省与全国高素质农民贷款需求与供给的主要指标比较

区域	有贷款需求的比例/%	获得了贷款的比例/%	获得贷款不足需求三分之一的比例/%
全国	47.47	71.53	30.46
广东省	36.38	39.84	55.92

从区域来看，核心区农业生产经营贷款比例最高，达55.29%；沿海经济带农业生产经营贷款比例较低，为39.24%（见表4-32）。

表4-32 "一核一带一区"农业生产经营贷款比例情况

区域	农业生产经营贷款比例/%
核心区	55.29
沿海经济带	39.24
生态发展区	39.45

4. 农业保险参保率超过半数

调查数据显示，广东省52.99%的高素质农民购买了农业保险，略低于全国平均水平（见图4-18）。

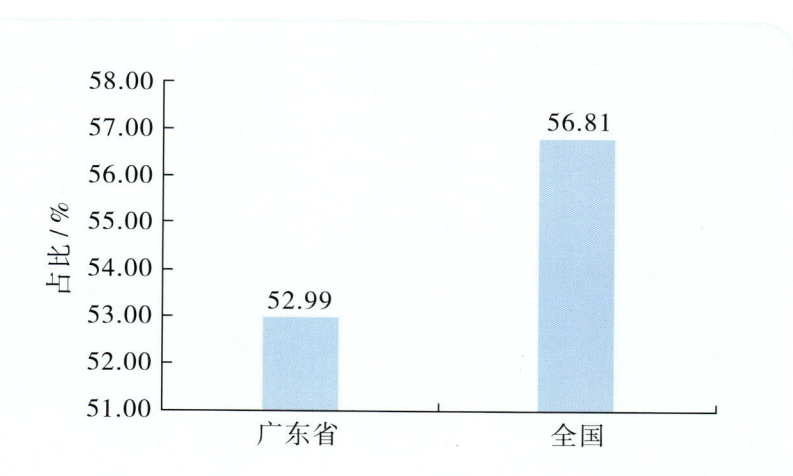

图4-18 广东省与全国高素质农民农业保险参保率对比

从区域来看，生态发展区农业保险参保率最高，达57.23%；核心区农业保险参保率较低，为47.32%（见表4-33）。

表 4-33 "一核一带一区"农业保险参保率情况

区域	农业保险参保率 / %
核心区	47.32
沿海经济带	53.77
生态发展区	57.23

5. 医疗保险覆盖水平仍待提升

调查数据显示，广东省高素质农民医疗保险覆盖率达90.67%，比全国平均水平（99.29%）[①]低8.62个百分点（见图4-19）。其中，有19.23%参加了城镇职工医疗保险，高于全国平均水平（8.39%）。此外，还有10.04%的高素质农民购买了商业医疗保险。

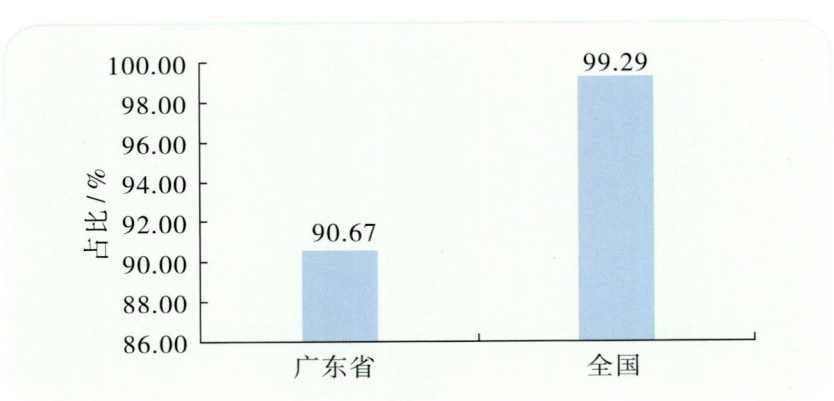

图 4-19 广东省与全国高素质农民医疗保险覆盖率对比

从区域来看，生态发展区医疗保险覆盖率最高，达91.27%；核心区医疗保险覆盖率较低，为90.41%（见表4-34）。

表 4-34 "一核一带一区"医疗保险覆盖率情况

区域	医疗保险覆盖率 / %
核心区	90.41
沿海经济带	90.91
生态发展区	91.27

6. 养老保险覆盖水平偏低

调查数据显示，广东省高素质农民养老保险覆盖率为73.48%，比全国平均水平（95.73%）[②]低22.25个百分点（见图4-20）。其中，有21.44%的高素质农民参加了城镇职工基本养老保险，有7.54%的高素质农民购买了商业养老保险。

---

①② 此为2018年数据。

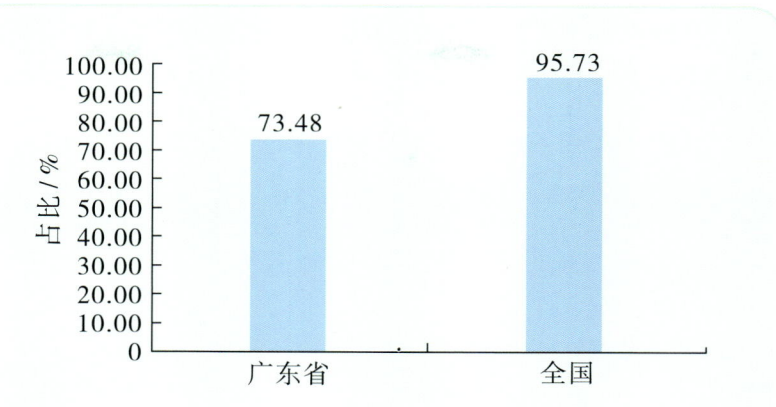

图 4-20　广东省与全国高素质农民养老保险覆盖率对比

从区域来看，核心区养老保险覆盖率最高，达 78.91%；沿海经济带养老保险覆盖率较低，为 73.21%（见表 4-35）。

表 4-35　"一核一带一区"养老保险覆盖率情况

区域	养老保险覆盖率 / %
核心区	78.91
沿海经济带	73.21
生态发展区	75.50

（四）示范带动

1. 服务带动周边农户成效较好

调查数据显示，广东省 75.37% 的高素质农民对周边农户起到了辐射带动作用，高于全国平均水平（66.36%）9.01 个百分点（见图 4-21）。

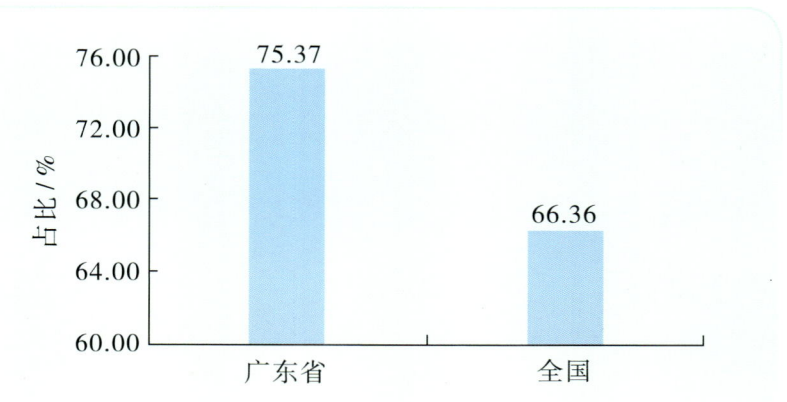

图 4-21　广东省与全国高素质农民服务带动周边农户占比情况对比

从区域来看，生态发展区服务带动周边农户占比最高，达75.91%；沿海经济带服务带动周边农户占比较低，为70.81%（见表4-36）。

表4-36 "一核一带一区"服务带动周边农户占比情况

区域	服务带动周边农户占比 / %
核心区	74.12
沿海经济带	70.81
生态发展区	75.91

2. 荣誉示范周边农户作用有待强化

调查数据显示，广东省8.15%的高素质农民获得县级及以上荣誉或奖励，但低于全国平均水平（15.30%）7.15个百分点（见图4-22）。

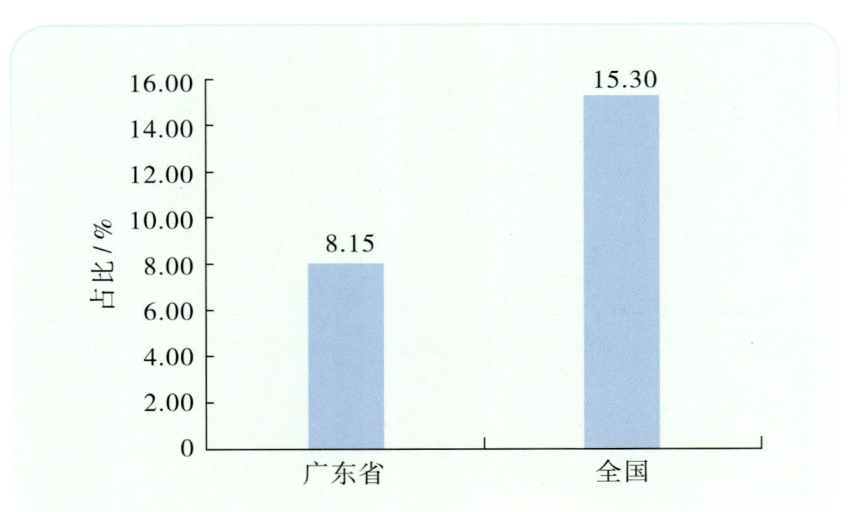

图4-22 广东省与全国高素质农民县级及以上荣誉或奖励获得占比情况对比

从区域来看，生态发展区县级及以上荣誉或奖励获得占比最高，达9.29%；沿海经济带县级及以上荣誉或奖励获得占比较低，为7.85%（见表4-37）。

表4-37 "一核一带一区"县级及以上荣誉或奖励获得占比情况

区域	县级及以上荣誉或奖励获得占比 / %
核心区	8.61
沿海经济带	7.85
生态发展区	9.29

3. 社会认可度较高

调查数据显示，广东省 29.30% 的高素质农民在村里担任村干部，高出全国平均水平（18.46%）10.84 个百分点（见图 4-23）。其中，担任县级及以上人民代表大会代表、政协委员的占比为 2.23%，比全国平均水平（3.14%）低 0.91 个百分点。

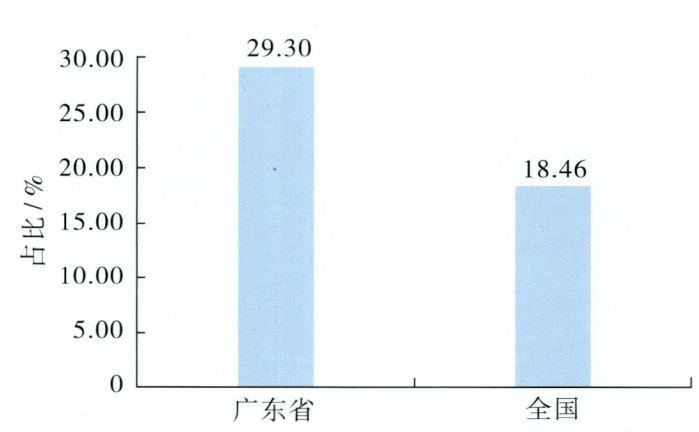

图 4-23　广东省与全国高素质农民村干部等占比情况对比

从区域来看，生态发展区村干部等占比最高，达 37.02%；核心区村干部等占比较低，为 24.51%（见表 4-38）。

表 4-38　"一核一带一区"村干部等占比情况

区域	村干部等占比 / %
核心区	24.51
沿海经济带	25.82
生态发展区	37.02

综合而言，从可比较的 30 个指标来看，广东省高素质农民发展有 15 个指标优于全国平均水平，有 15 个指标劣于全国平均水平，各占一半。与全国平均水平差距较大的指标，按差距从大到小排序，分别是：参加职业培训人员占比、互联网购买农资销售农产品占比、从业 5 年及以上人员占比、养老保险覆盖率、享受扶持政策占比、生产经营组织化占比，以及智能手机和电脑生产经营应用占比（见表 4-39）。

表 4-39　广东省与全国高素质农民发展主要指标比较

主要指标	广东省/%	全国/%	差值=（广东省-全国）
高中（中专）及以上受教育程度人员占比	65.45	46.71	18.74
节水灌溉占比	46.83	29.97	16.86
45岁及以下人员占比	60.32	43.46	16.86
技术技能人才占比	37.67	23.47	14.20
机械化占比	64.30	52.69	11.61
村干部等占比	29.30	18.46	10.84
服务带动周边农户占比	75.37	66.36	9.01
新增接受学历教育人员占比	28.15	21.35	6.80
新生力量人员占比	54.36	49.40	4.96
拥有农产品"三品一标"占比	29.77	24.91	4.86
农膜回收占比	94.55	90.01	4.54
自报健康人员占比	97.90	94.84	3.06
规模农业经营户占比	52.43	51.18	1.25
畜禽粪便资源化利用占比	73.50	72.94	0.56
高素质农民占第一产业就业人口比重	6.31	6.27	0.04
化肥和农药减施占比	28.83	30.67	-1.84
农业保险参保率	52.99	56.81	-3.82
县级及以上荣誉或奖励获得占比	8.15	15.30	-7.15
土地规模经营补贴获得人群占比	6.20	13.84	-7.64
年人均农业经营纯收入等超全省城镇居民人均可支配收入占比	19.35	27.76	-8.41
秸秆资源化利用占比	79.36	87.82	-8.46
医疗保险覆盖率	90.67	99.29	-8.62
有贷款需求的比例	36.38	47.47	-11.09
智能手机和电脑生产经营应用占比	73.52	85.37	-11.85
生产经营组织化占比	37.21	53.54	-16.33
享受扶持政策占比	68.02	85.98	-17.96
养老保险覆盖率	73.48	95.73	-22.25
从业5年及以上人员占比	66.28	91.69	-25.41
互联网购买农资销售农产品占比	33.71	59.75	-26.04
参加职业培训人员占比	44.34	91.87	-47.53

五、主要结论

综合指数分析与指标分析，得出以下主要结论：

（一）发展成绩显著

2019年，广东省高素质农民发展指数整体效果较好，发展指数得分为89.67。在4个一级指标中，产业水平的发展成效最为突出，对总指数贡献达到39.04%，队伍发展、发展环境和示范带动的贡献依次为32.60%、17.29%和11.07%。2019年，广东省高素质农民总数已达到81.0万人，高素质农民占第一产业就业人口比重为6.31%，高于全国平均水平（6.27%）。

（二）发展优势明显

与全国平均水平相比较，2019年广东省高素质农民发展存在明显优势，未来发展潜力深厚。广东省高素质农民发展的优势指标主要体现为队伍规模发展迅速、年龄结构相对年轻、新生力量的比例较高、学历结构较优、技术技能人才比例较高、机械化生产水平较高、农业生产经营的品牌化较好、化肥和农药减施力度较强等。

（三）发展短板突出

与全国平均水平相比较，2019年广东省高素质农民发展也存在一些短板，优化空间较大，主要体现为教育培训覆盖面较少、从业时间较短、公共服务保障不足、扶持政策和金融保险的支持力度有待加强、农业生产经营信息化和组织化程度不高等。

（四）地级市发展不平衡

从地级市来看，受产业结构和地理区位等因素影响，广东省高素质农民地级市发展不平衡现象较为突出。以发展指数为例，在调查的18个地级市中，各市高素质农民发展指数的差异较大，最高值（92.96）与最低值（86.87）之间差距达到6.09，地级市之间发展不平衡性较明显。

（五）区域发展存在差异

从"一核一带一区"来看，三大区域的高素质农民发展指数也存在着差异，但差距不大。在总指数方面，核心区的发展指数得分最高，达到89.93，比全省平均值（89.67）高 0.26；生态发展区的发展指数得分居中，为 89.74，比全省平均值高 0.07；沿海经济带的发展指数得分较低，为 89.19，比全省平均值低 0.48。从指标分析来看，核心区高素质农民在队伍发展、产业水平等方面有一定优势；生态发展区在示范带动和发展环境方面有其明显优长指标；沿海经济带高素质农民的主要发展指标整体上有些滞后。

下 篇

六、广东省高素质农民发展总体情况

本部分以问卷调查为基础,从不同侧面描绘广东省高素质农民发展的总体情况。

(一)高素质农民基本情况

1. 男性高素质农民超七成

从性别结构来看,调查数据显示,2019年广东省高素质农民以男性为主,其中男性占76.99%,低于全国水平(79.28%);女性占23.01%(见图6-1),男女比例为3.35∶1。

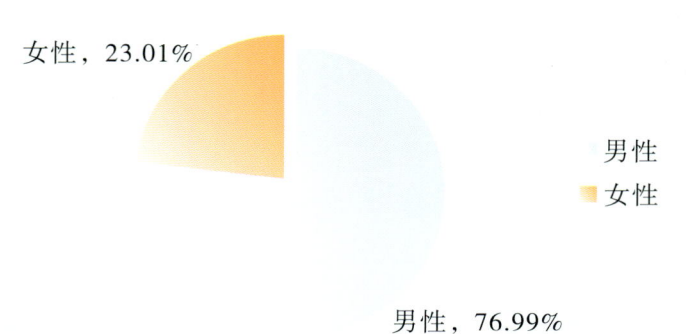

图6-1 2019年广东省高素质农民性别结构

2. 队伍年龄结构相对年轻

从年龄结构来看,调查数据显示,在高素质农民队伍中,45岁及以下人员占比达到60.32%,平均年龄为42.27岁,低于全国46.14岁的平均年龄。广东省高素质农民队伍年龄结构相对年轻(见图6-2)。

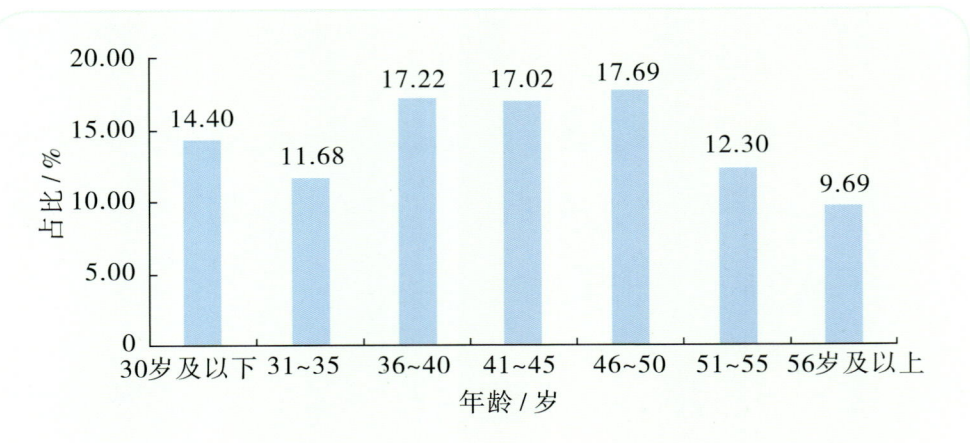

图 6-2　2019 年广东省高素质农民年龄结构

3. 以初中、高中学历为主

从受教育程度来看，调查数据显示，2019 年广东省高素质农民本科及以上文化程度占比为 6.77%，大专文化程度占比为 18.76%，高中（含中专、职高）文化程度占比为 39.92%，初中文化程度占比为 30.76%，小学文化程度占比为 3.65%，文盲占比为 0.14%。初中、高中文化程度占比累计达 70.68%（见图 6-3）。

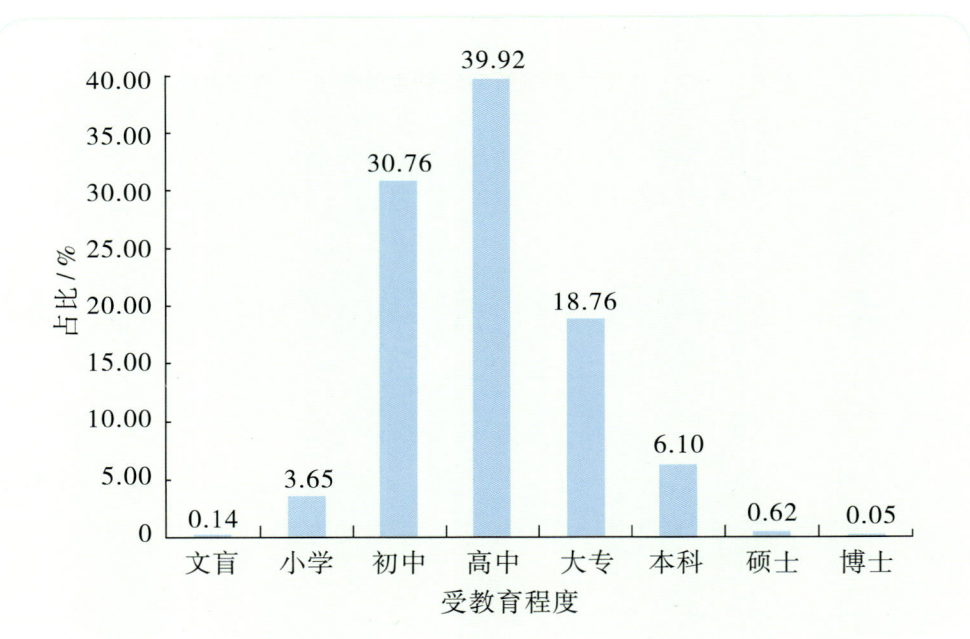

图 6-3　2019 年广东省高素质农民受教育程度结构

4. 新型农业经营主体带头人为主体

从高素质农民的类型来看，根据广东省农业农村厅培训数据显示，2019 年全省培训农业经理人 2950 人，2020 年培训农业经理人 3000 人。调查数据显示，在高素质农民中，新型农业经营主体带头人占比为74.16%，新型农业经营主体带头人是高素质农民的主体[①]。在新型农业经营主体带头人中，以青年农场主、果菜茶种植大户、种粮大户（人）占比最高，分别为25.00%、22.55%、16.83%（见图6-4）。

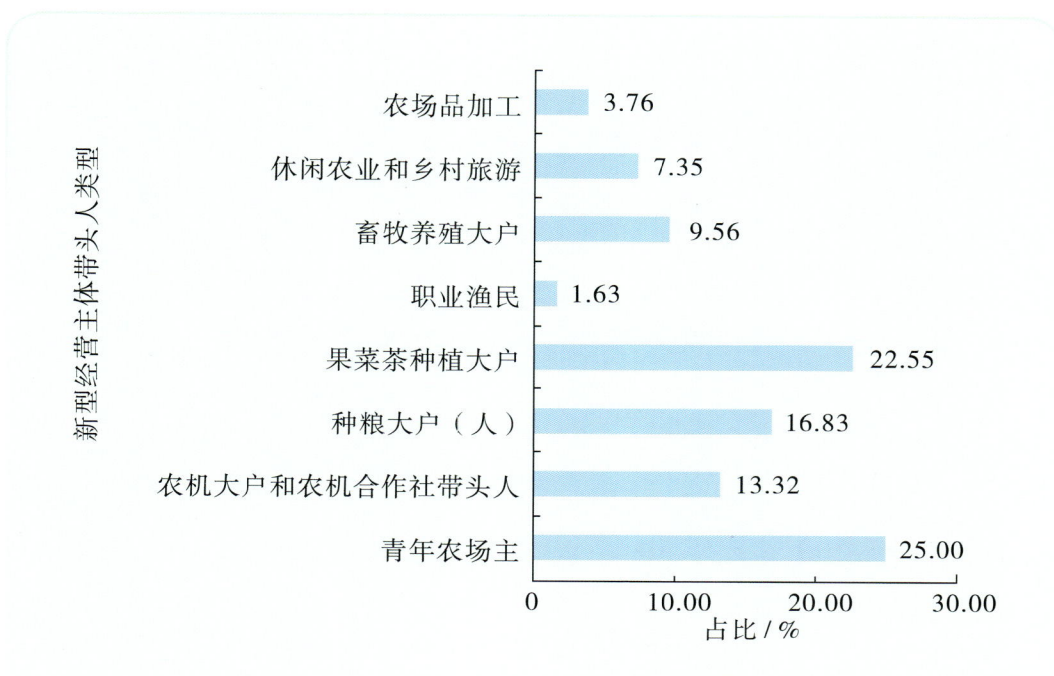

图6-4 2019年广东省新型经营主体带头人类型占比

5. 技术技能人才占比不高

从技术技能来看，调查数据显示，2019年广东省高素质农民技术技能人才占比为37.67%。其中，获得农民专业技术人员职称的人才占比为20.77%，获得国家职业资格证书的人才占比为16.90%。总体来看，获得农民专业技术人员职称的占比较少，且主要集中在初级水平，高素质农民的技术技能有待进一步提升。

6. 示范带动作用明显

调查数据显示，2019年广东省高素质农民担任村干部的比例为29.30%（见图6-5），担任县级及以上人民代表大会代表、政协委员的人员占比为2.23%（见图6-6），获得县级及以上表彰或奖励的人员占比为8.15%（见图6-7），中共党员占比为27.82%（见图6-8）。整体来看，高素质农民的社会认可程度较高，示范带动作用、模范表率作用较好。

---

① 问卷调查数据中存在较多缺失值，因缺失原因较多，本报告未对缺失值进行填补。因此，农业经理人占比的实际值可能会比调查值高一些，新型农业经营主体带头人占比指标亦如此。

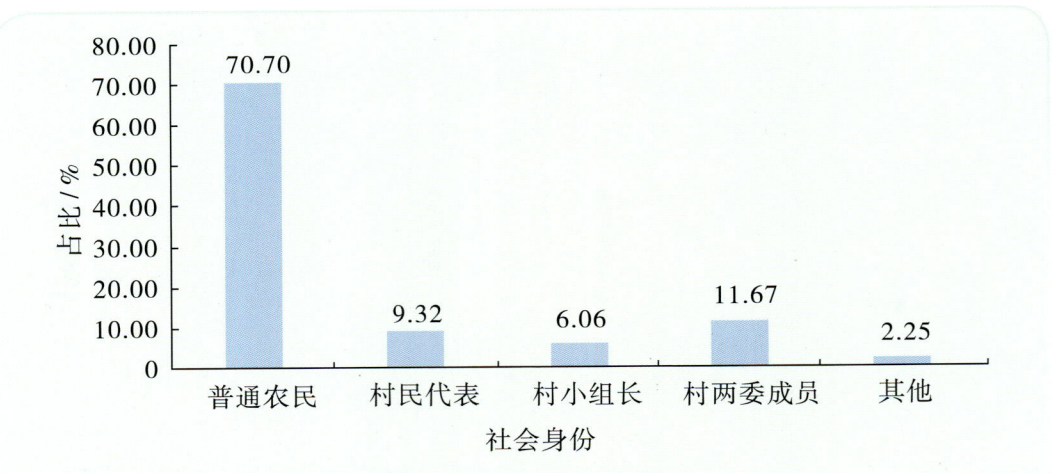

注:"其他"选项指村监委成员、后备村干部等。

图 6-5　2019 年广东省高素质农民各类社会身份占比

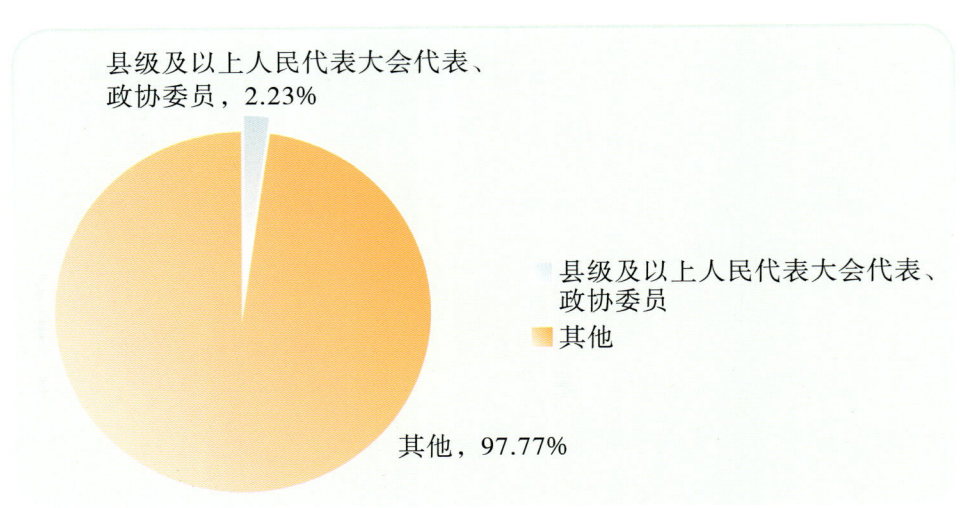

图 6-6　2019 年广东省高素质农民县级及以上人民代表大会代表、政协委员占比

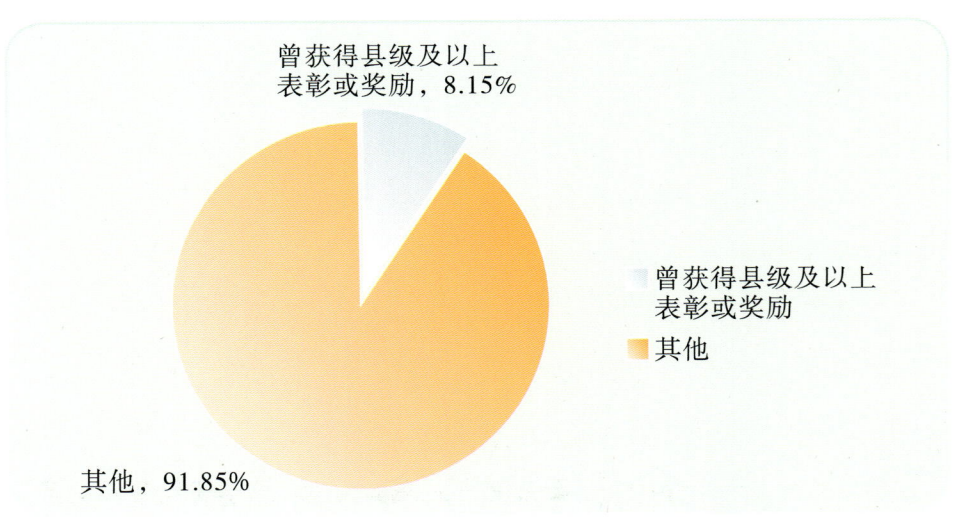

图 6-7　2019 年广东省高素质农民获县级及以上荣誉占比

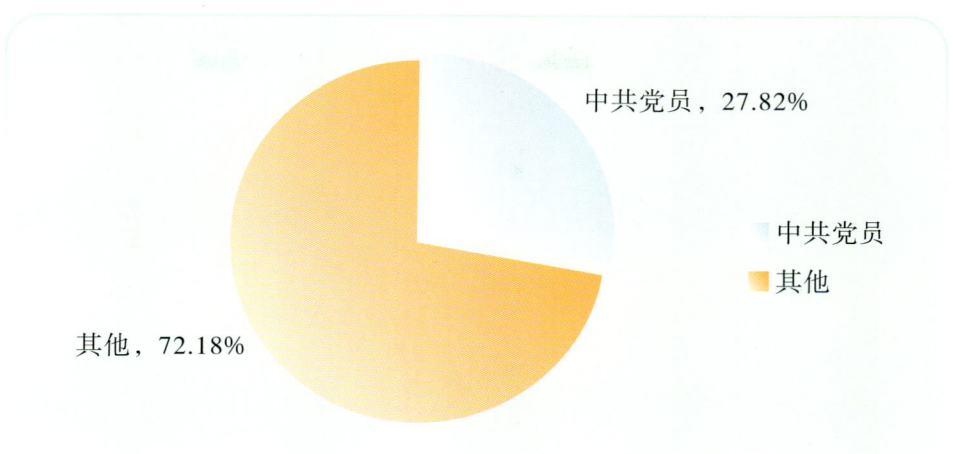

图 6-8　2019 年广东省高素质农民中中共党员占比

7. 健康状况良好

从健康状况来看，调查数据显示，2019 年广东省高素质农民自报健康人员占比为 97.90%，患有长期慢性病人员占比为 1.05%，患有大病人员占比为 0.15%，残疾人员占比为 0.90%，高素质农民健康状况良好（见图 6-9）。

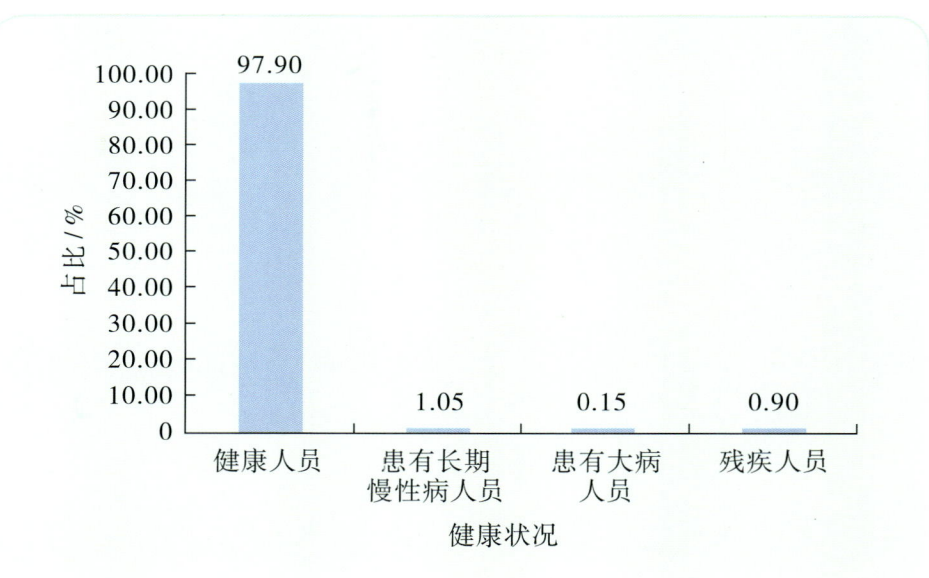

图 6-9　2019 年广东省高素质农民健康状况

8. 参加人才培育工程比重严重偏低

调查数据显示，2019 年，广东省高素质农民中，仅有 11.75% 的人员曾经参加过人才培育工程（见图 6-10），88.25% 未参加过现有人才培育工程。人才培育工程需进一步覆盖更广泛的农民群体。

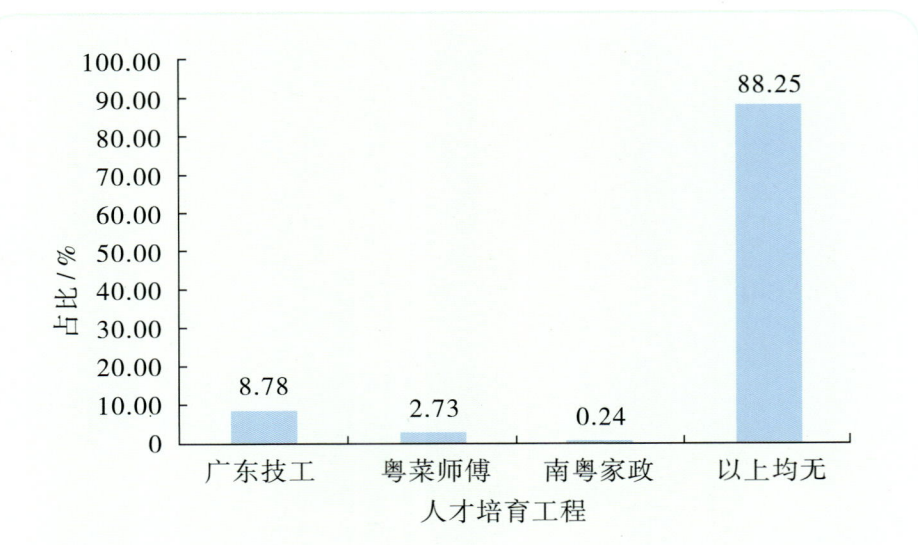

图 6-10　2019 年广东省高素质农民参加人才培育工程情况

9. 生活环境得到改善

调查数据显示，2019 年，广东省高素质农民中，90.58% 的人员家里通了自来水，仅 9.42% 的人员家里还没有自来水（见图 6-11）。自来水入户大大方便了农民的生活。

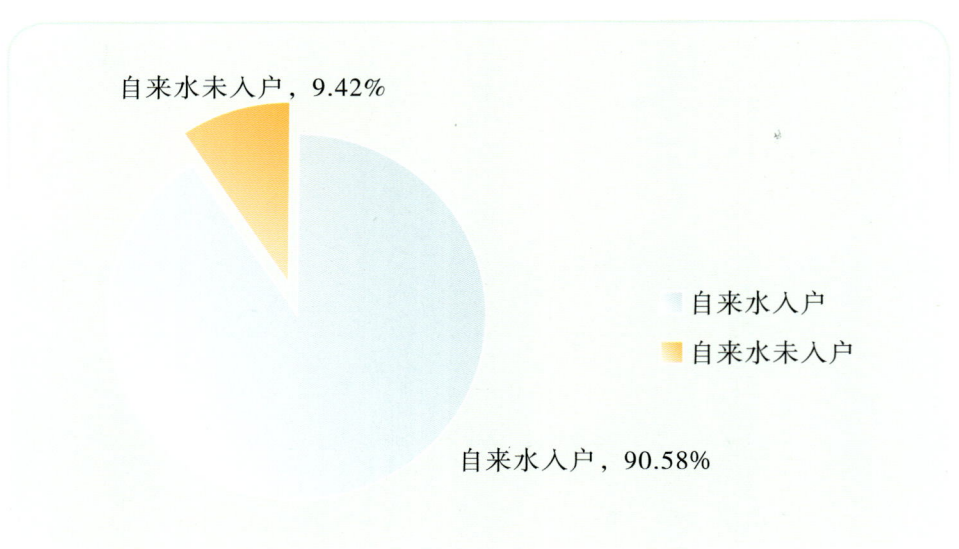

图 6-11　2019 年广东省高素质农民自来水入户情况

10. 出行更加便利

调查数据显示，2019 年广东省 83.81% 高素质农民家里的入户路为水泥或柏油路，仅 11.31% 为泥土路，4.88% 为砂石路（见图 6-12）。入户路的改善使农民的出行更加便捷。

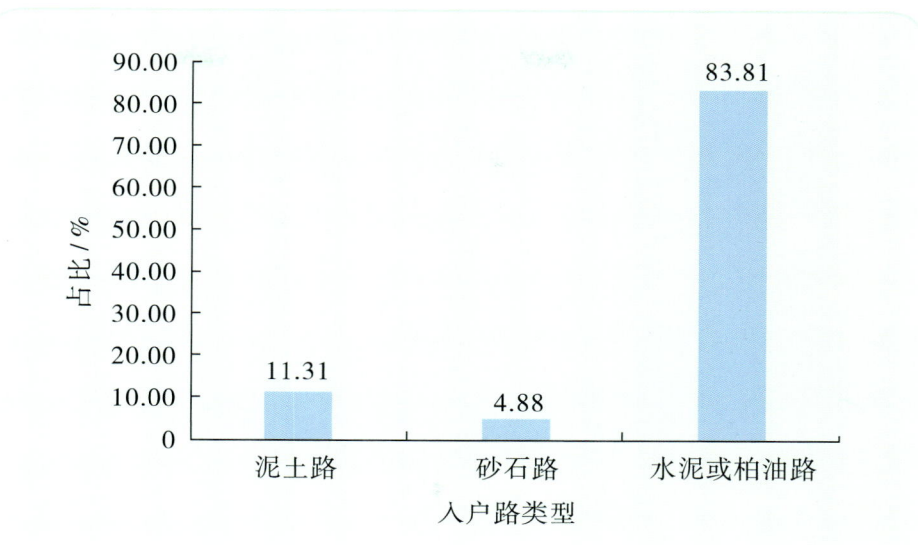

图 6-12　2019 年广东省高素质农民入户路类型

（二）高素质农民教育培训情况

教育培训是高素质农民素质提升的重要途径。当前，广东省高素质农民接受教育培训的意愿较强烈，但教育培训供给相对不足。

1. 接受职业教育比例较低，但意愿强烈

从职业教育来看，调查数据显示，2019 年，广东省有 32.63% 的高素质农民接受过职业教育，尚有 67.37% 的人员没有接受过职业教育（见图 6-13）。进一步调查接受职业教育的意愿，76.00% 的高素质农民希望通过职业教育获得农业职业教育学历，表现出较为强烈的意愿（见图 6-14）。

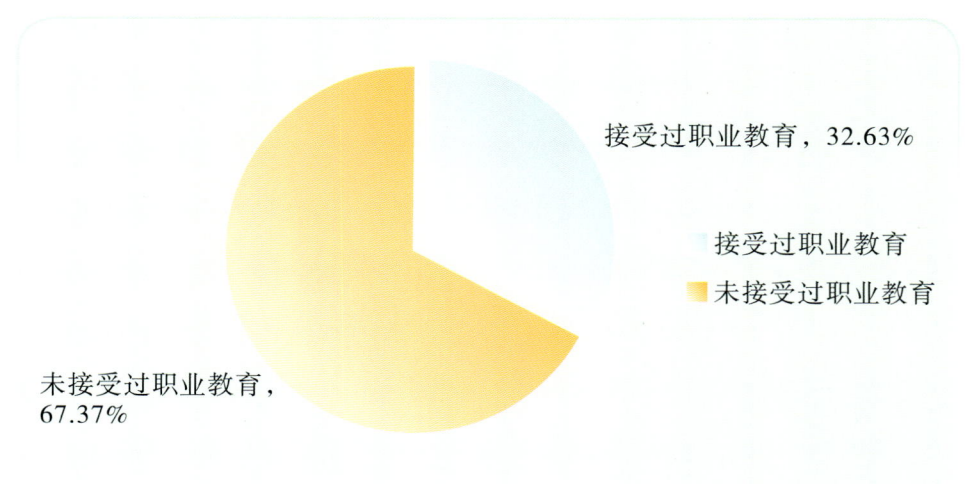

图 6-13　2019 年广东省高素质农民接受职业教育占比

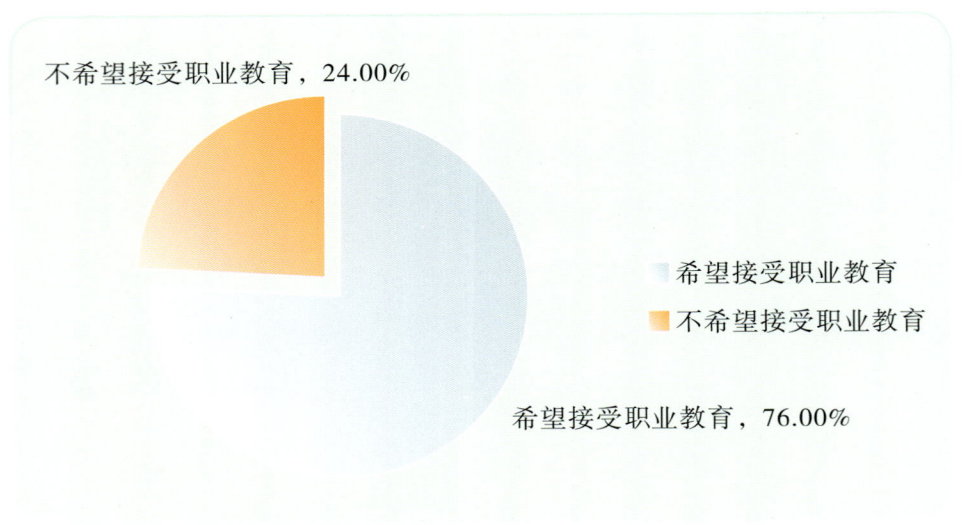

图 6-14　2019 年广东省高素质农民接受职业教育意愿

2. 接受学历教育热情较高

从学历教育来看，调查数据显示，2019 年，广东省有 28.15% 的高素质农民正在接受学历教育（见图 6-15）。接受学历教育的层次以高等职业教育（大专水平）为主，占比为 44.53%；其次是中等职业教育，占比为 33.41%（见图 6-16）。高素质农民学习热情较高，行动力较强，积极接受学历教育。

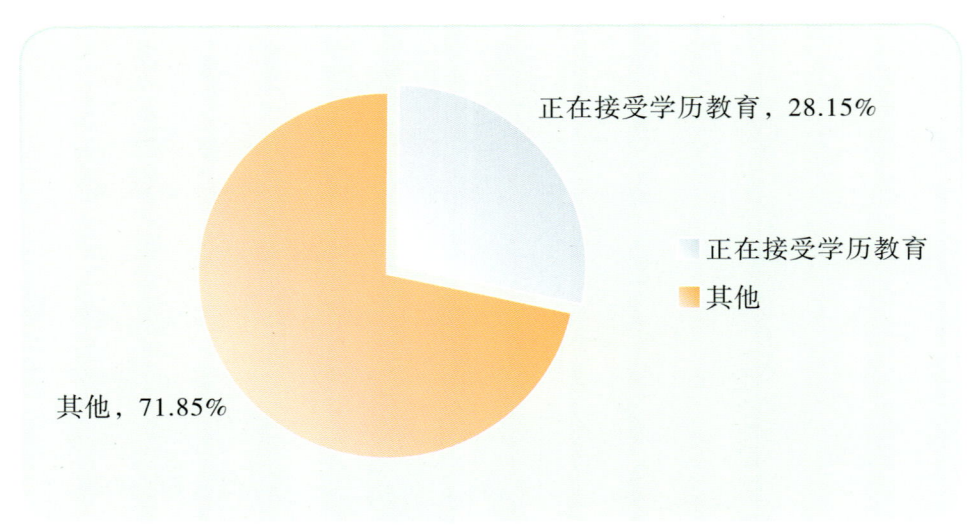

图 6-15　2019 年广东省高素质农民接受学历教育占比

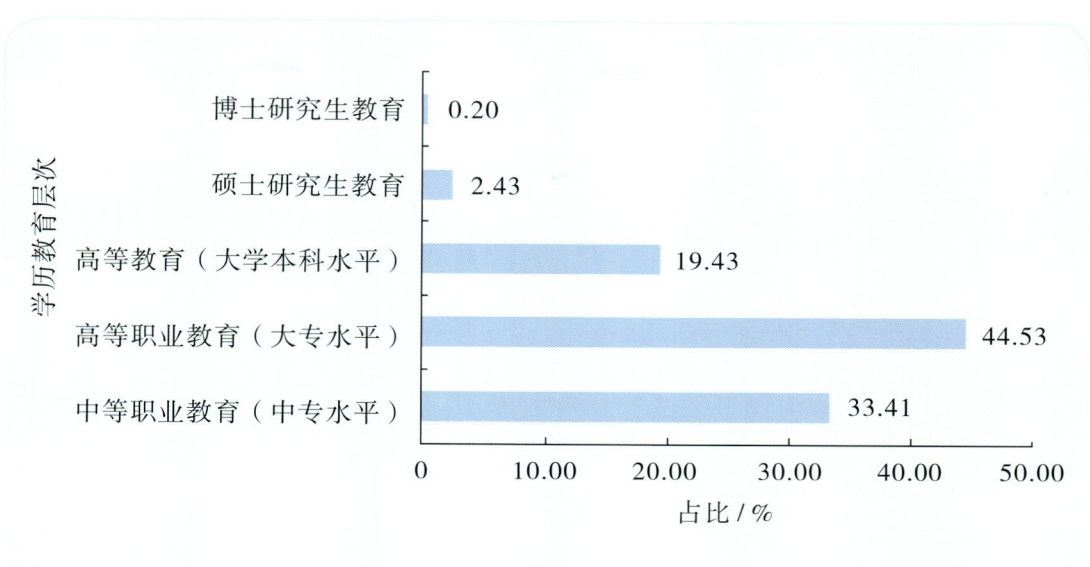

图 6-16 2019 年广东省高素质农民接受学历教育层次结构

3. 培训短板突出

从职业培训来看，调查数据显示，2019 年，广东省接受过专门农业生产经营相关培训的高素质农民比例为 44.34%（见图 6-17）。其中参加人员占比最高的培训项目是新型农业经营主体带头人轮训（44.93%），排名第二的是农业经理人培养（22.34%），排名第三的是农村实用人才带头人培训（21.37%）（见图 6-18）[①]。总体来看，高素质农民农业生产经营相关培训需进一步扩大人员参与范围，同时培训项目需更加多样化，以满足不同农民生产经营需要。

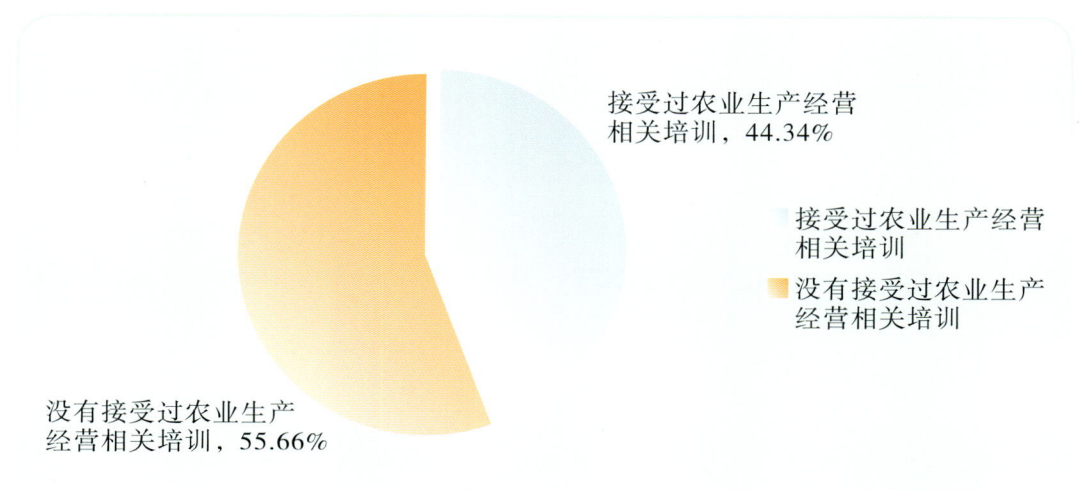

图 6-17 2019 年广东省高素质农民接受农业生产经营相关培训占比

---

① 该题为多选题，因此总比例超过 100%。

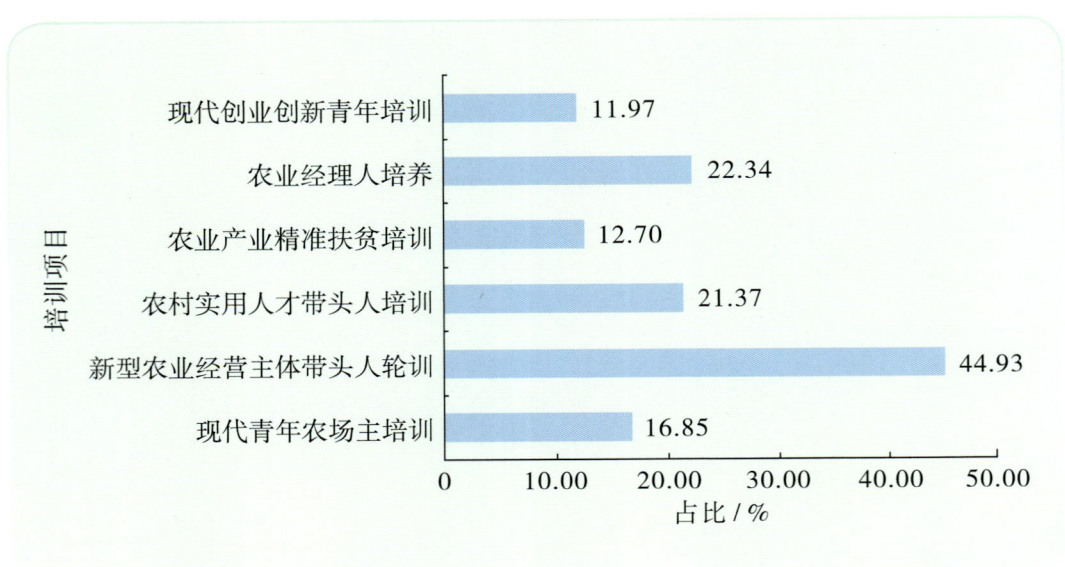

图 6-18 2019 年广东省高素质农民各类培训项目人员占比

4. 对培训的满意度较高

调查数据显示，参加过培训的高素质农民对培训的满意度较高，比较满意和非常满意的总比例高达 93.82%（见图 6-19）。

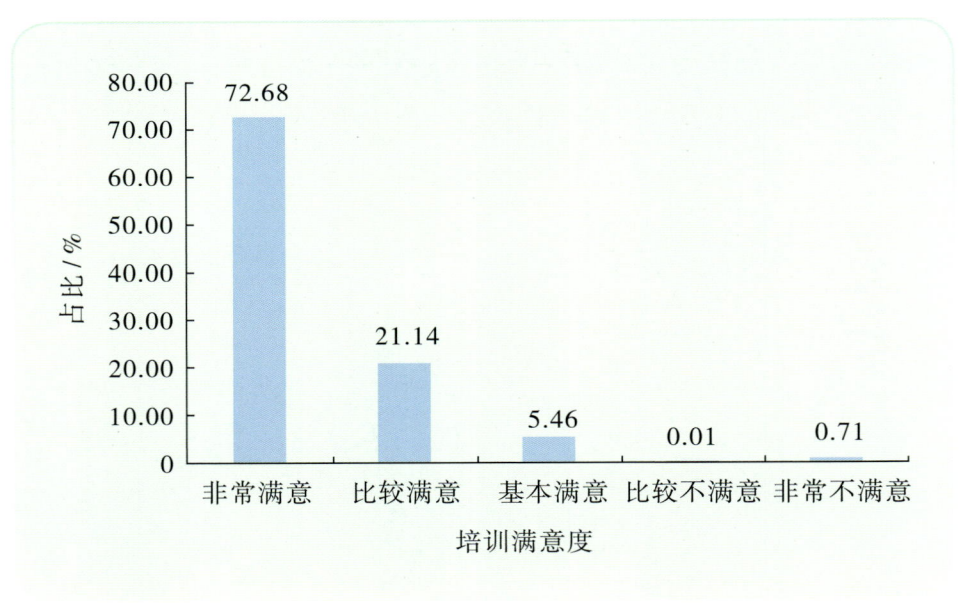

图 6-19 2019 年广东省高素质农民培训满意度占比

5. 培训需求趋向多元化

调查结果显示，2019 年，广东省有 69.09% 的高素质农民最希望接受农业生产技术相关培训；排名第二的是农产品销售培训，占比为 51.46%；排名第三的是农村电商培训，占比为 50.00%（见图 6-20）。[①]

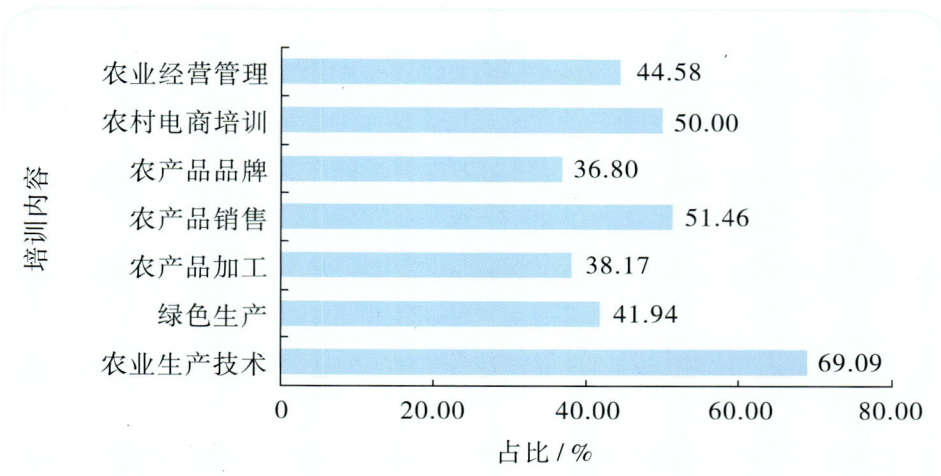

图 6-20 2019 年广东省高素质农民希望接受的培训内容

（三）高素质农民生产经营情况

1. 从业经验较丰富

调查数据显示，2019 年，广东省高素质农民从事农业生产经营的平均时间为 12.57 年，近七成人员从业时间为 5 年以上（见图 6-21）。总体来看，从业时间较长，从业经验较为丰富。

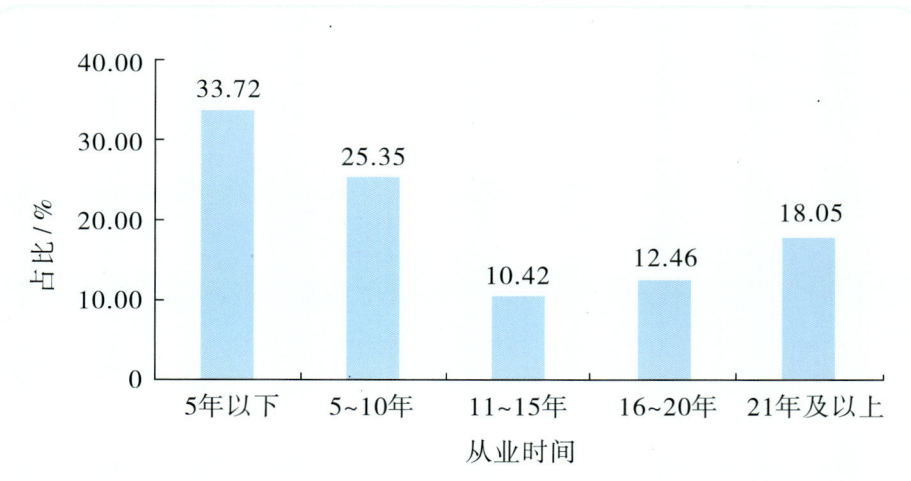

图 6-21 2019 年广东省高素质农民从事农业生产经营时间

---

① 该题为多选题，因此总比例超过 100%。

2. 以家庭农产经营为主

从职业经历看，调查数据显示，广东省高素质农民中从事过家庭农产经营的占比最高，为 36.52%；其次是个体投资者，占比为 29.26%；再次是专业大户，占比为 28.56%。从事过 2 种以上职业的占比为 33.13%（见图 6-22）。

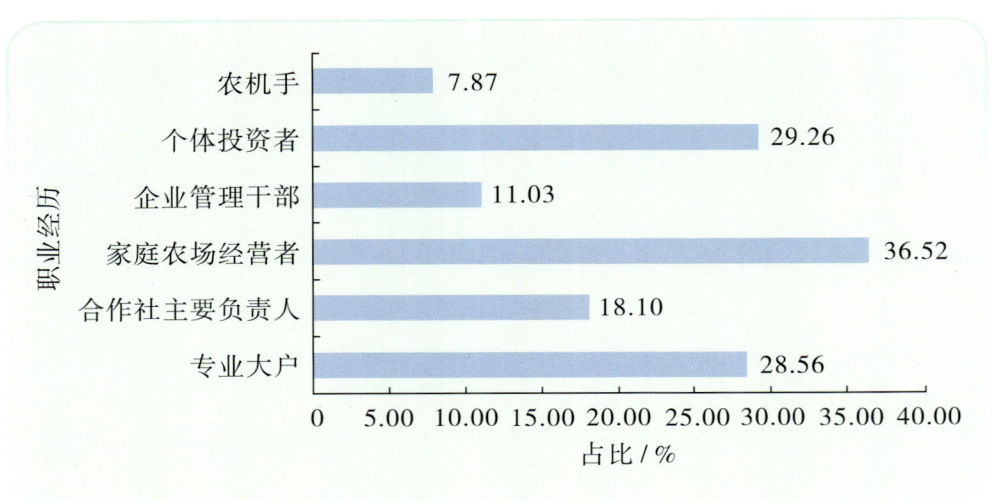

图 6-22　2019 年广东省高素质农民职业经历

3. 种植业是主要生产经营业务

从生产经营业务看，调查数据显示，广东省高素质农民以种植业为主，占比为 75.12%；其次是养殖业，占比为 36.15%；加工和休闲占比相对较低，分别为 14.61%、12.35%（见图 6-23）。

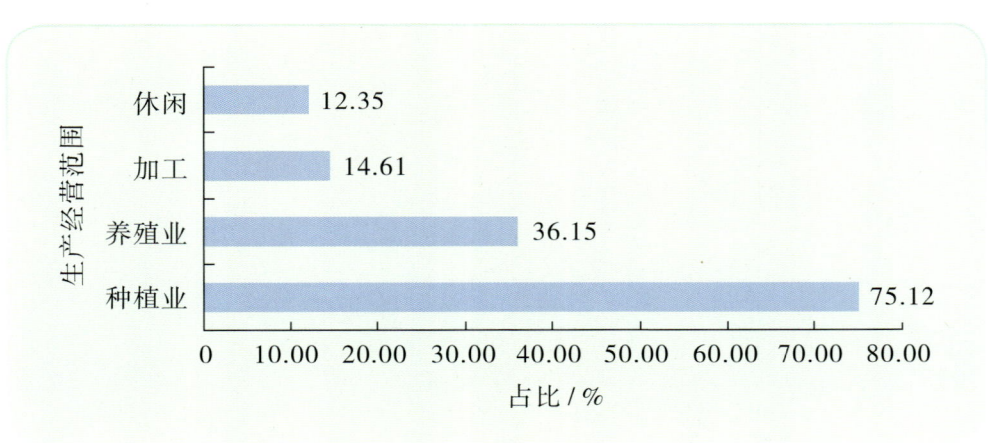

图 6-23　2019 年广东省高素质农民农业生产经营范围

4. 过半高素质农民生产经营雇用了雇工

调查数据显示，2019 年广东省高素质农民在生产经营过程中，有 51.28% 的人员雇用了雇工（见图 6-24）。

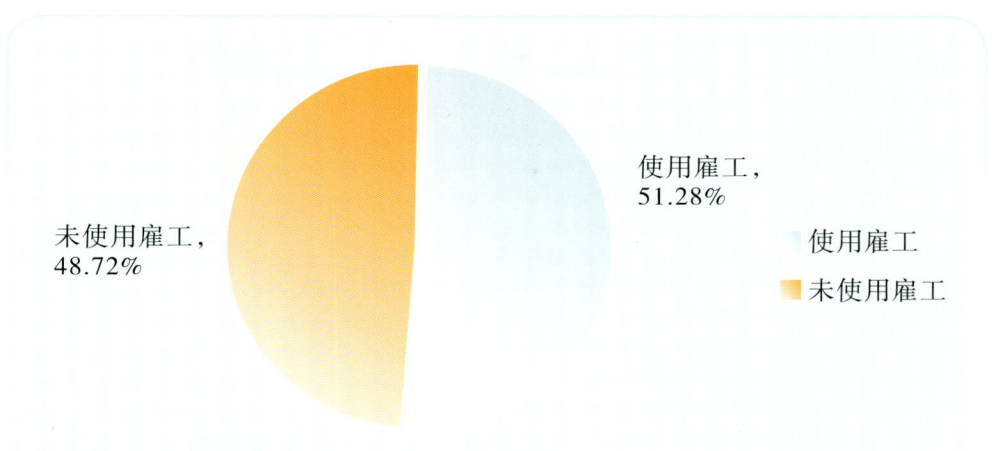

图 6-24　2019 年广东省高素质农民生产经营使用雇工情况

5. 个体经销商店是购买农资的主要渠道

调查数据显示，2019 年，广东省有 53.29% 的高素质农民通过个体经销商店购买农资，通过农资连锁店购买的占比为 24.53%，通过农业技术服务站购买的占比为 24.27%（见图 6-25）。

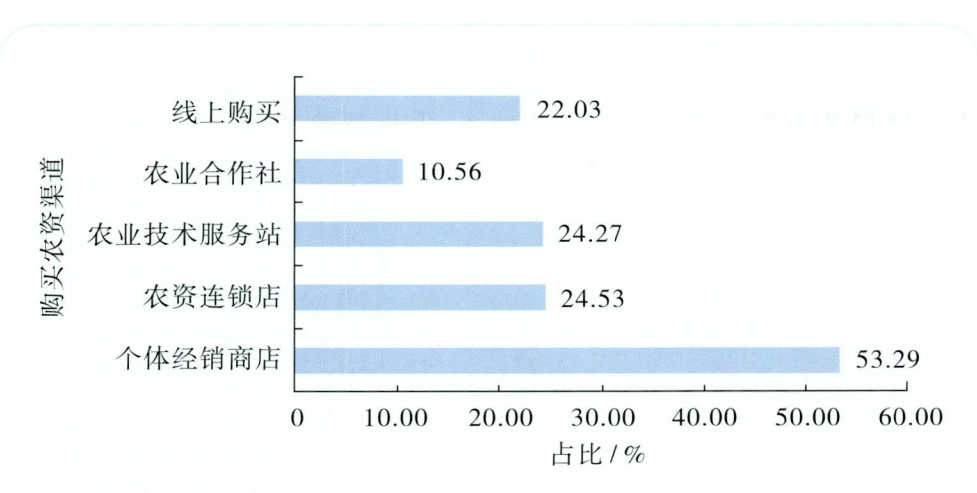

图 6-25　2019 年广东省高素质农民购买农资渠道

6. 水果、水稻、蔬菜瓜类是主要作物

调查数据显示，2019 年广东省高素质农民种植的第一种主要作物[①]主要是水果、水稻、蔬菜瓜类，分别占比 30.19%、27.98%、11.81%（见图 6-26）。

---

① 产值最大的为第一种主要作物。

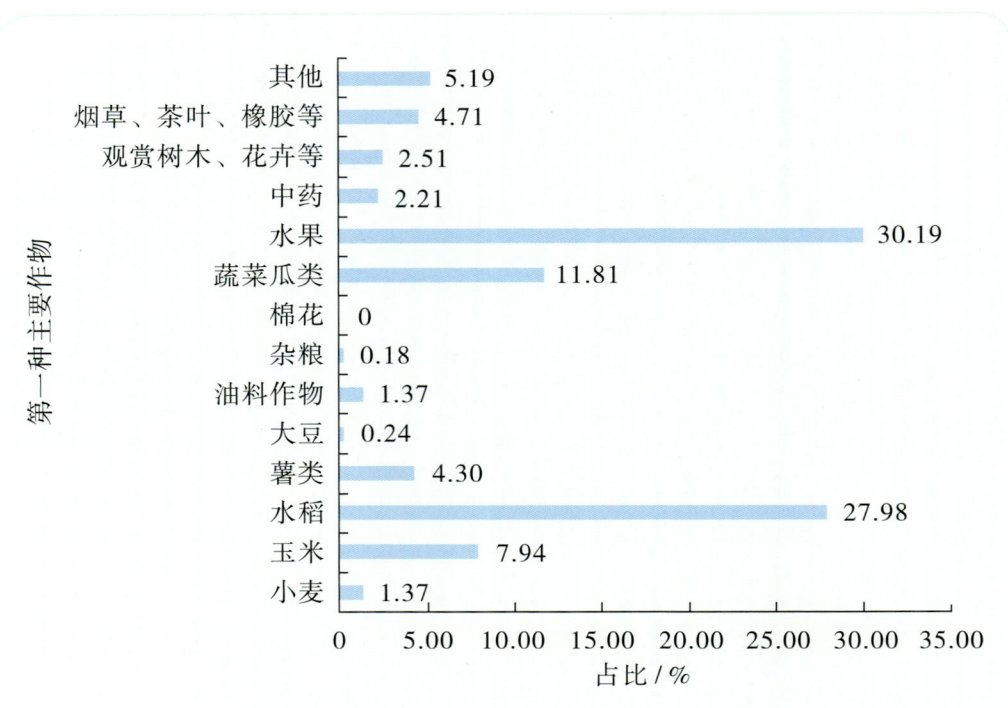

图 6-26　2019 年广东省高素质农民第一种主要作物分布

7. 化肥减施压力较大

调查数据显示，与 2018 年相比，2019 年广东省有 37.70% 的高素质农民亩均化肥用量没有明显变化，33.60% 的农民亩均化肥用量增加，仅 28.70% 的农民亩均化肥用量减少（见图 6-27）。整体来看，化肥减施占比较低，压力依然较大。

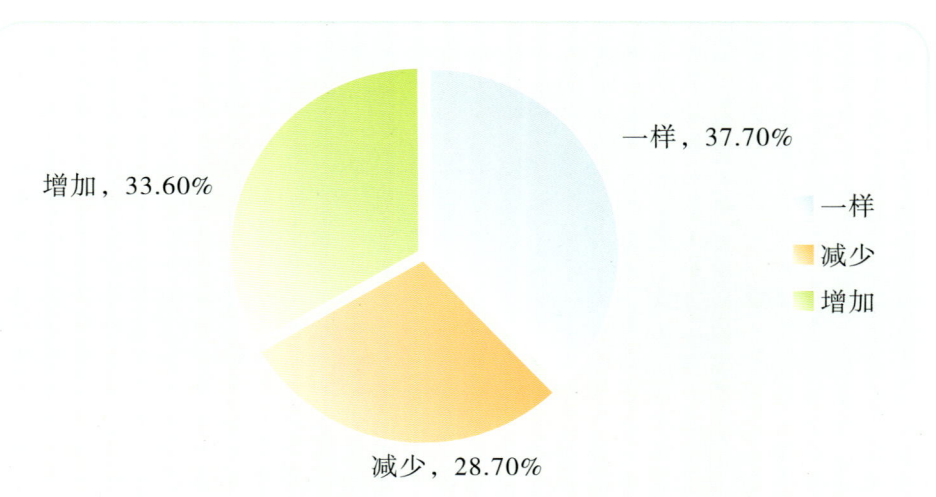

图 6-27　2019 年广东省高素质农民亩均化肥用量变化情况

8. 农药减施压力仍较大

调查数据显示，与 2018 年相比，2019 年广东省有 46.18% 的高素质农民亩均农药用量减少，32.35% 的高素质农民亩均农药用量没有明显变化，有 21.47% 的高素质农民亩均农药用量增加（见图 6-28）。农药减施占比不足一半，有待进一步提升。

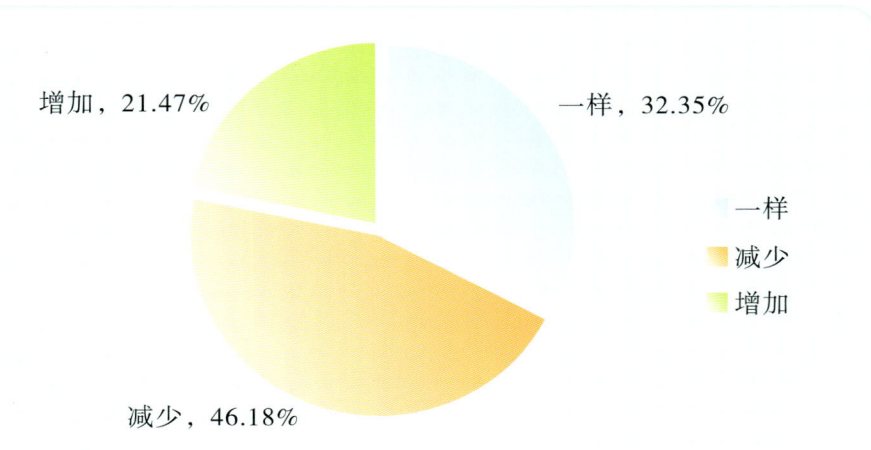

图 6-28　2019 年广东省高素质农民亩均农药用量变化情况

9. 机械化还田是秸秆资源化利用的主要方式

调查数据显示，2019 年广东省高素质农民地里作物秸秆的资源化利用率为 79.36%。其中机械化还田是主要的利用方式，占比为 42.19%；其次是再利用（农家肥、烧火做饭、做饲料等），占比为 34.53%；最后是卖给养殖场、发电厂或其他主体，占比为 2.64%。地头焚烧仍占一定比例，为 16.31%，有待进一步降低（见图 6-29）。

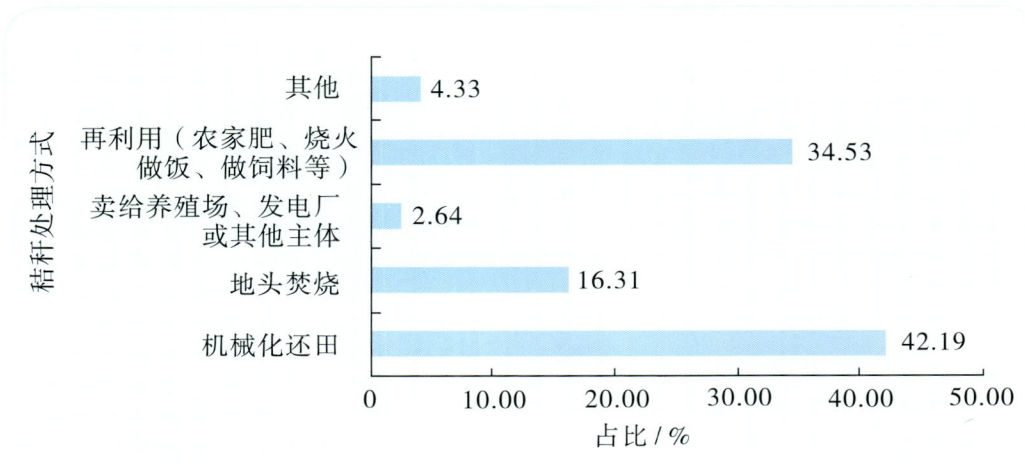

图 6-29　2019 年广东省高素质农民地里作物秸秆的处理方式

10. 节水灌溉推广仍有提升空间

调查数据显示，2019年广东省高素质农民主要农作物的灌溉方式依然以传统灌溉方式为主，畦灌、沟灌、淹灌和漫灌等方式的占比最高，为42.23%；喷灌占比为19.80%；微喷灌、滴灌、渗灌占比为17.40%（见图6-30）。

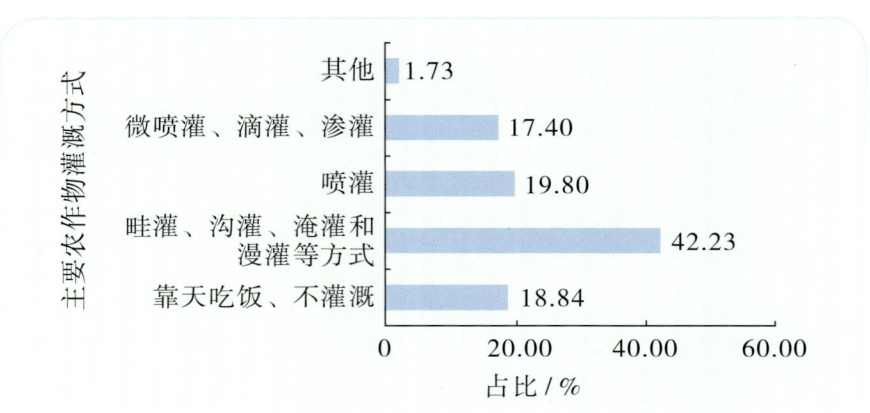

图6-30　2019年广东省高素质农民主要农作物灌溉方式

11. 农膜回收水平较高

调查数据显示，在使用农膜人群中，2019年广东省高素质农民农膜回收处理的占比为34.60%，不用农膜的占比为59.95%，农膜使用的环保意识不断加强（见图6-31）。

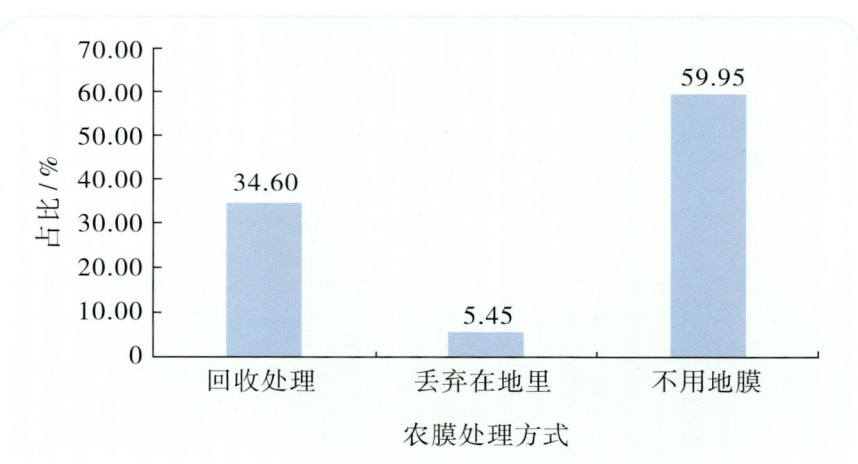

图6-31　2019年广东省高素质农民农膜处理方式

12. 近六成高素质农民有扩大种植经营规模意愿

调查数据显示，2019年广东省高素质农民希望未来扩大种植经营规模的占比最高，为59.68%；希望保持现有规模不变的农民占比为35.57%；仅4.75%的农民表示未来将减少种植经营规模（见图6-32）。

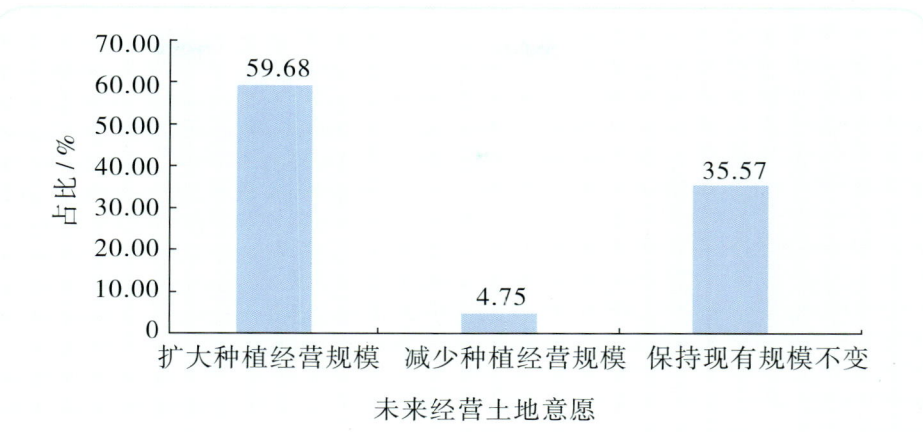

图 6-32　2019 年广东省高素质农民未来经营土地意愿

13. 家禽养殖在养殖业中占主导

调查数据显示，2019 年广东省高素质农民第一种主要养殖物以鸡、鸭等家禽为主，占比为 59.06%；排名第二的是猪，占比为 15.54%；排名第三的是鱼，占比为 12.61%（见图 6-33）。

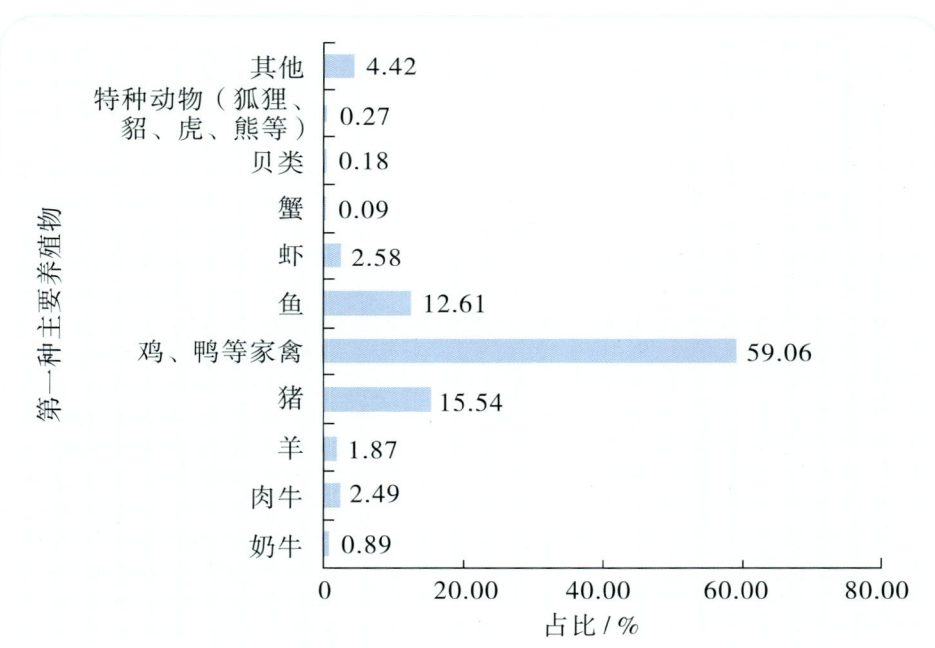

图 6-33　2019 年广东省高素质农民第一种主要养殖物

14. 畜禽粪便的资源化利用仍有提升空间

调查数据显示，2019 年广东省高素质农民畜禽粪便的资源化利用以"发酵或堆沤后，做有机肥"的处理方式为主，占比为 65.06%。直接排放的仍占比 8.54%，需进一步提高粪便的利用率（见图 6-34）。

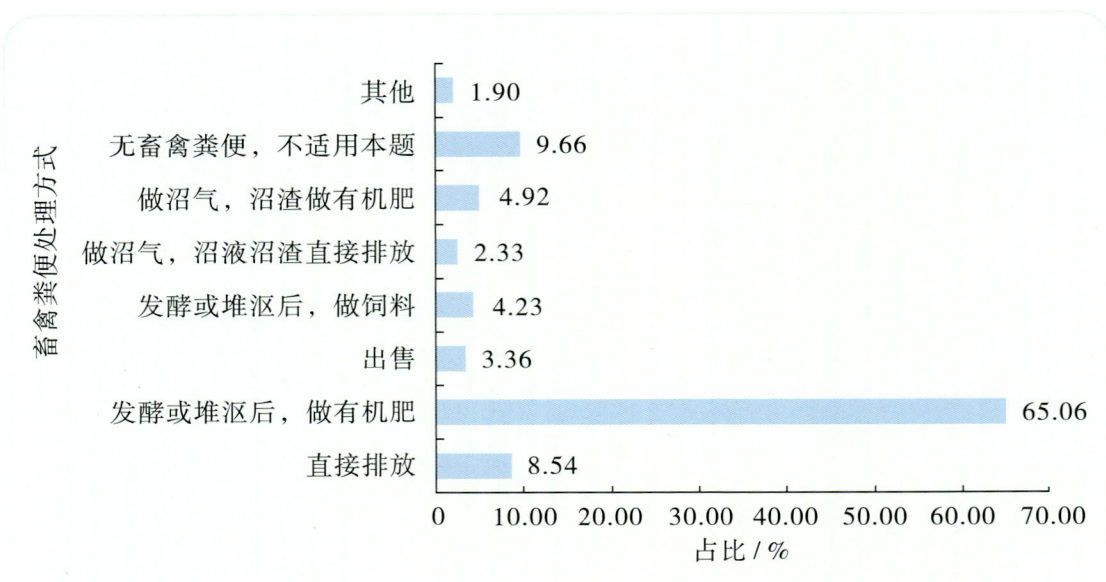

图 6-34 2019 年广东省高素质农民畜禽粪便的处理方式

15. 超五成高素质农民有扩大养殖经营规模意愿

调查数据显示，2019 年，广东省高素质农民希望未来扩大养殖经营规模的占比最高，为 52.66%；希望保持现有规模不变的农民占比为 39.39%；仅 7.95% 的农民表示希望未来减少养殖经营规模（见图 6-35）。

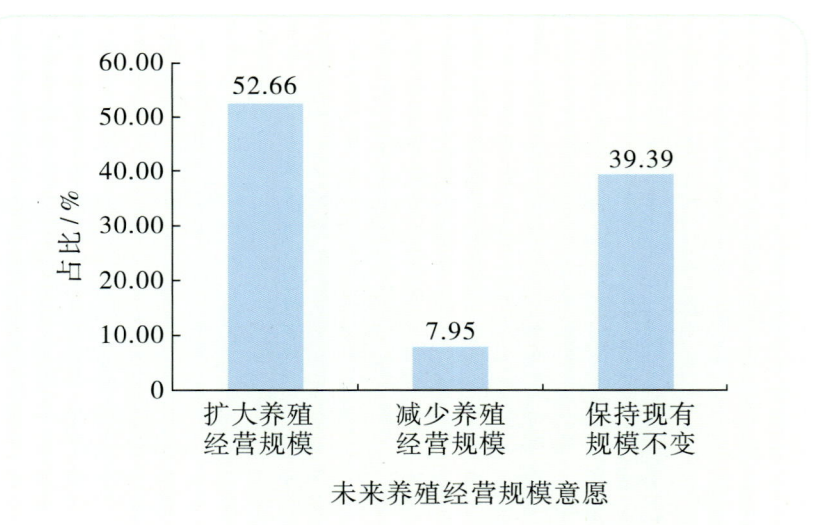

图 6-35 2019 年广东省高素质农民未来养殖经营规模意愿

16. 植物产品获得"三品一标"认证比例较高

调查数据显示，2019 年广东省高素质农民获得"三品一标"认证的产品类型，以植物产品为主,占比为 75.60%,动物产品占比为 16.07%,同时拥有植物产品和动物产品的人员仅占 8.33%(见图 6-36)。

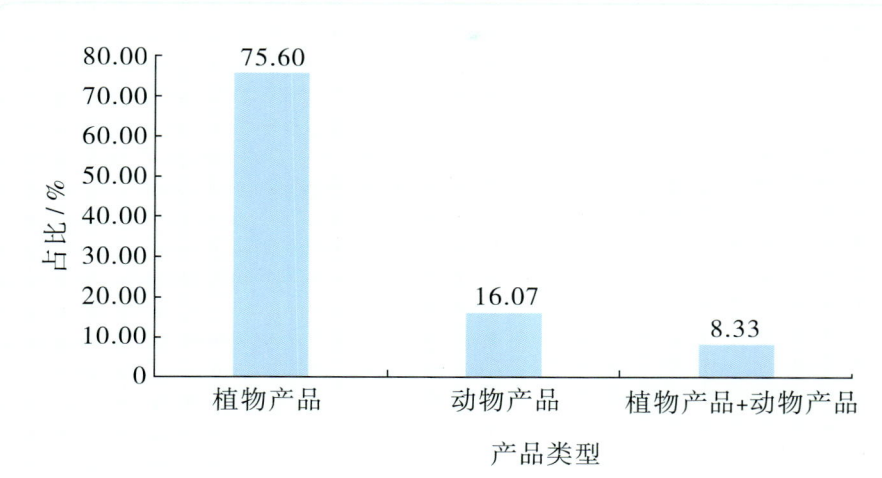

图 6-36 2019 年广东省高素质农民获得"三品一标"认证的产品类型

17. 超三成的农产品有订单销售

调查数据显示,2019 年广东省高素质农民的农产品有订单销售的占比为 36.93%,尚有 63.07% 的农产品没有订单销售(见图 6-37)。

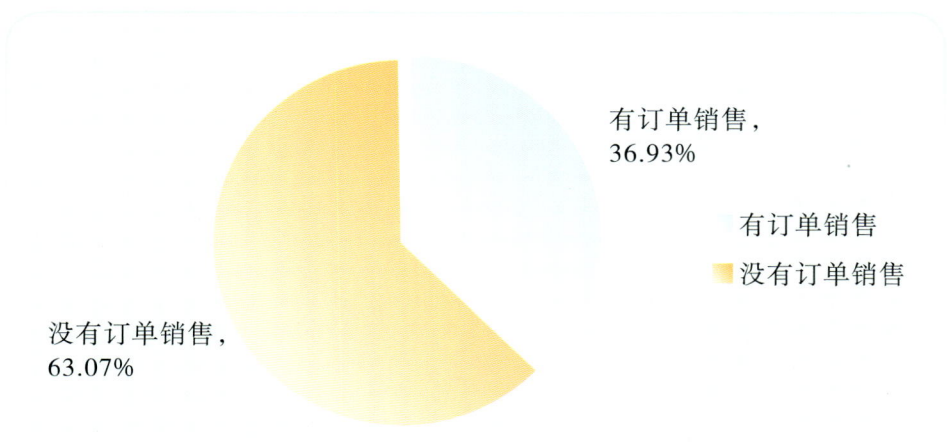

图 6-37 2019 年广东省高素质农民的农产品订单销售情况

18. 农产品注册商标的比例仅有 20% 左右

调查数据显示,2019 年广东省高素质农民的农产品注册商标的占比为 20.75%,未注册商标的占比为 79.25%(见图 6-38)。

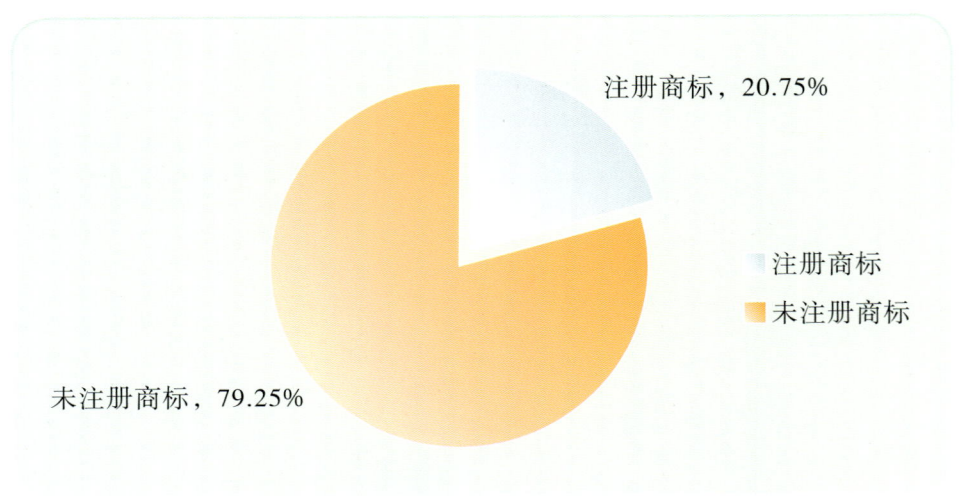

图 6-38　2019 年广东省高素质农民的农产品注册商标情况

19. 农产品可追溯的比例偏低

调查数据显示，2019 年广东省高素质农民的农产品中可追溯的占比为 21.13%，不能追溯的占比为 78.87%（见图 6-39）。

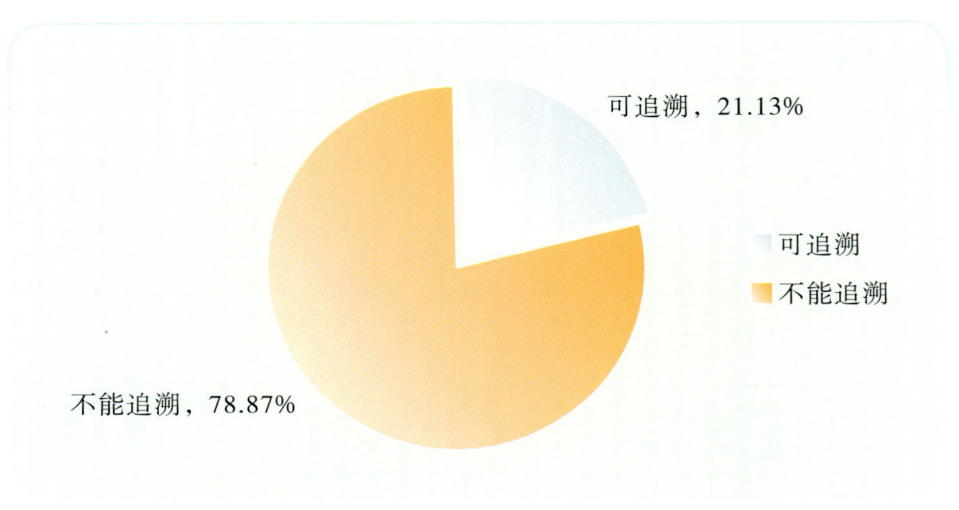

图 6-39　2019 年广东省高素质农民的农产品追溯情况

20. 农产品主要通过商贩或经纪人进行销售

调查数据显示，2019 年广东省高素质农民的农产品主要销售给商贩或经纪人，占比为 50.00%；其次是直接送到批发市场，占比为 36.05%。随着农村电商的发展，越来越多的农民通过网上销售农产品，占比为 18.99%（见图 6-40）。

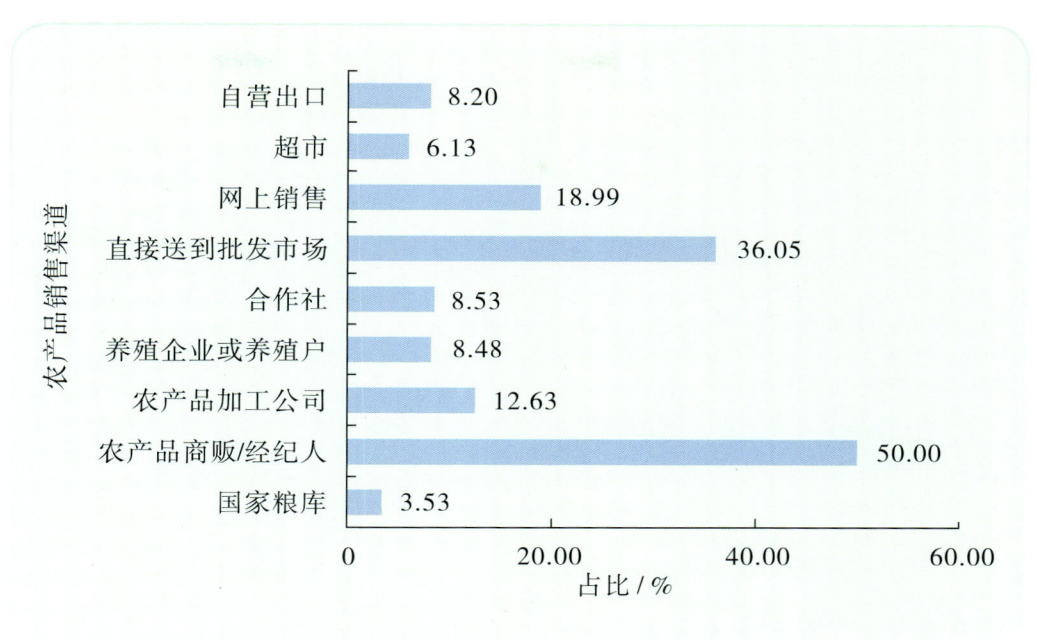

图 6-40 2019 年广东省高素质农民农产品销售渠道

21. 生产经营组织化程度偏低

调查数据显示，2019 年广东省高素质农民加入合作社的比例偏低，为 28.49%，尚有 71.51% 的农民没有加入合作社（见图 6-41）；与农业企业有联系的占比为 39.27%（见图 6-42）。整体来看，高素质农民生产经营的组织化程度不高。

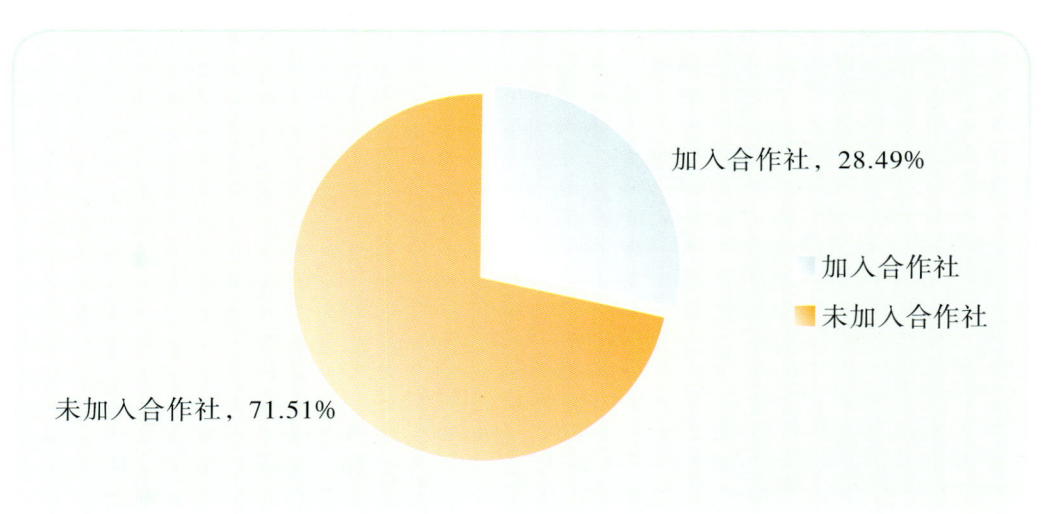

图 6-41 2019 年广东省高素质农民加入合作社占比

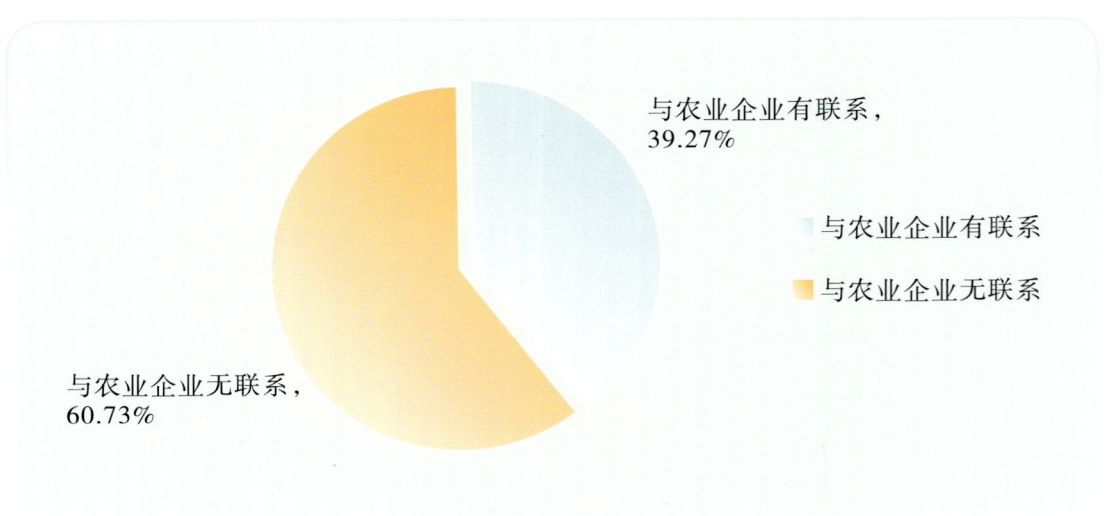

图 6-42　2019 年广东省高素质农民与农业企业有联系占比

22. 农业生产技术指导是经营组织化获得的主要服务

调查数据显示，广东省高素质农民通过经营组织化，可以获得多项服务。无论是加入合作社，还是与农业企业有联系，获得的主要服务都是农业生产技术指导，其次是农产品销售（见图 6-43）。

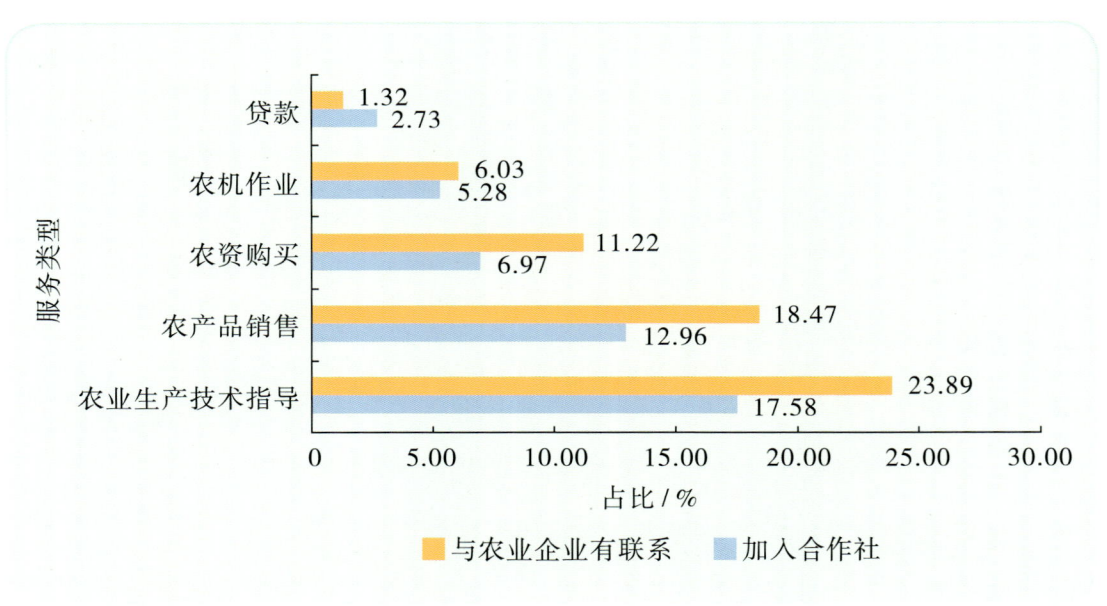

图 6-43　2019 年广东省高素质农民经营组织化获得的服务

23. 领办合作社的高素质农民仅占 20% 左右

调查数据显示，2019 年广东省领办合作社的高素质农民占比为 24.41%，该比例有待进一步提高（见图 6-44）。

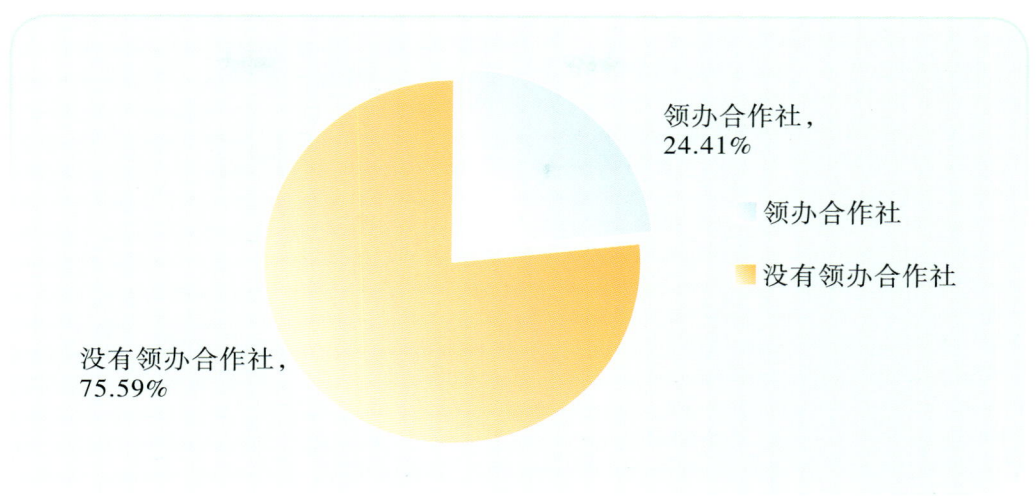

图 6-44　2019 年广东省高素质农民领导合作社占比

24. 创办了企业的高素质农民占 30% 以上

调查数据显示，2019 年广东省有 30.81% 的高素质农民创办了农业企业（见图 6-45）。

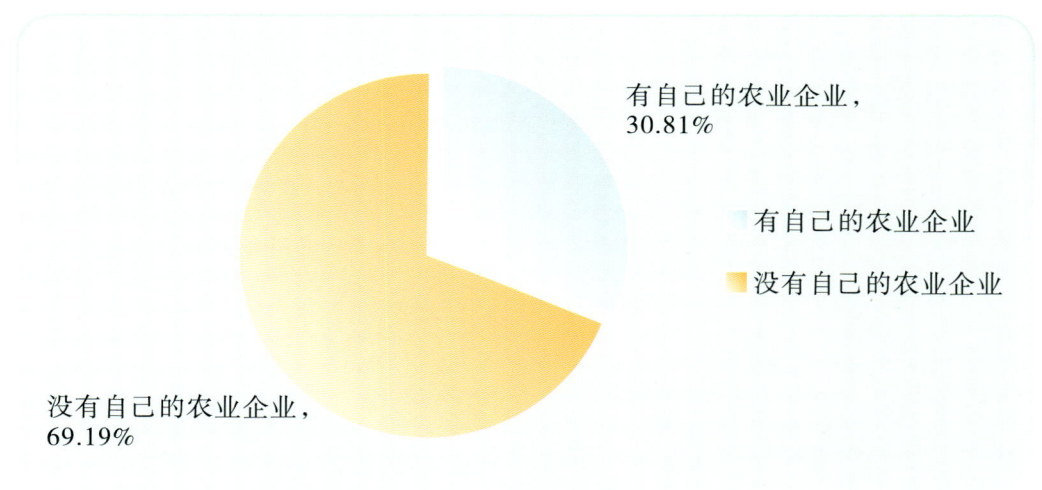

图 6-45　2019 年广东省高素质农民拥有农业企业占比

25. 经营家庭农场的高素质农民占 30% 以上

调查数据显示，广东省高素质农民农业生产经营登记、注册或认定为家庭农场的占比为 32.94%（见图 6-46）。其中 52.04% 经过工商部门或农业部门的注册认定；47.96% 既在工商部门登记注册，也经农业部门认定。

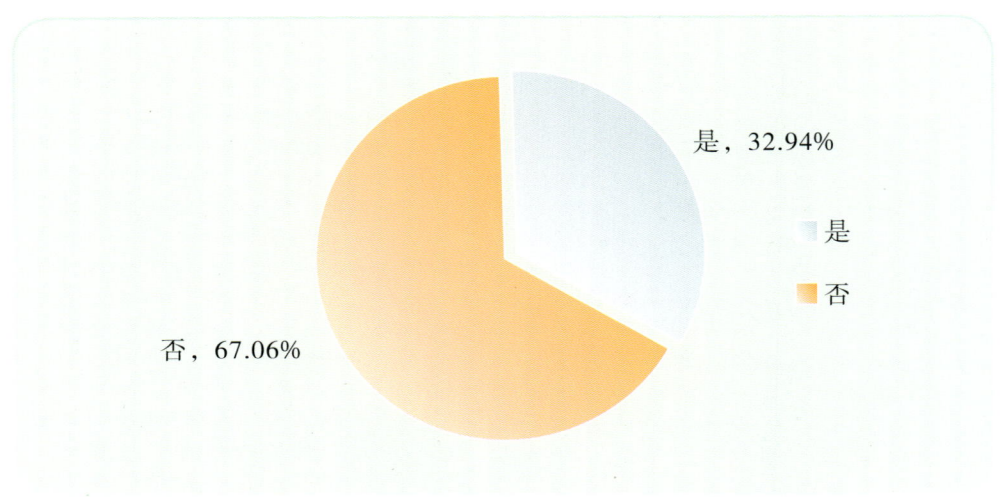

图 6-46　2019 年广东省高素质农民家庭农场注册或认定情况

(四) 高素质农民职业认同

1. 职业认同感较高

调查数据显示,广东省高素质农民中,有 44.90% 认为"农民"是比较好或非常好的职业,仅有 16.63% 认为"农民"是不太好或非常不好的职业(见图 6-47)。整体来看,高素质农民的职业认同感较高。

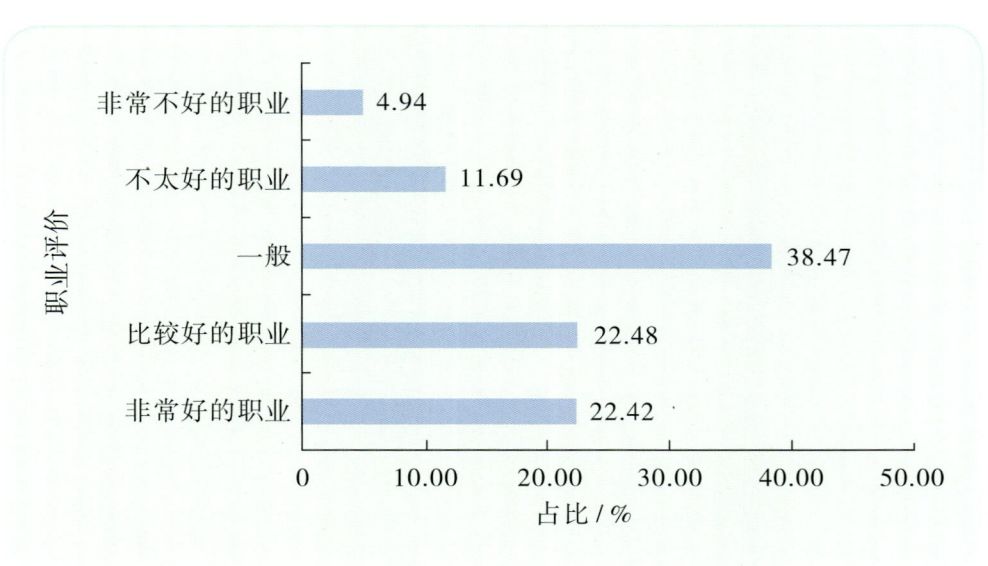

图 6-47　2019 年广东省高素质农民职业评价

2. 超七成高素质农民会继续从事农业

调查数据显示,广东省 75.09% 的高素质农民会继续从事农业生产,仅 2.87% 的高素质农民表示不会继续从事农业生产(见图 6-48)。

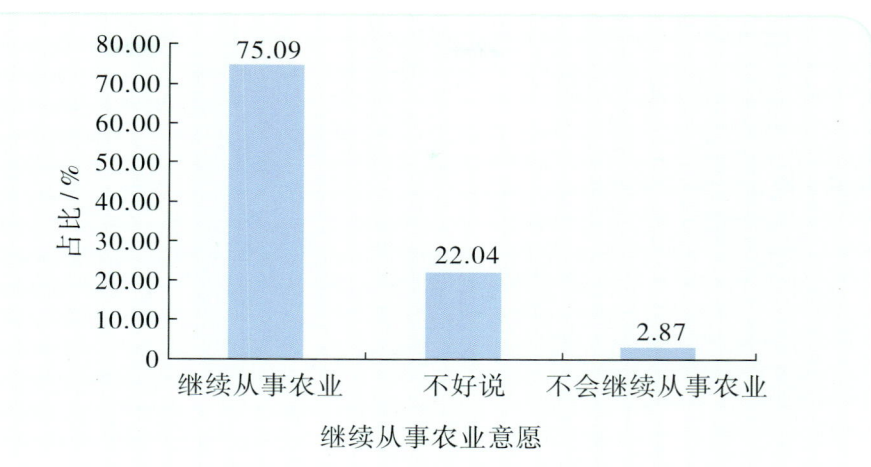

图 6-48　2019 年广东省高素质农民继续从事农业意愿

3. 对子女从事农业工作的期待不高

调查数据显示，广东省仅有 22.62% 的高素质农民希望自己的子女也从事农业工作，27.81% 的高素质农民不希望自己的子女从事农业工作，尚有 49.57% 的高素质农民态度不明确（见图 6-49）。

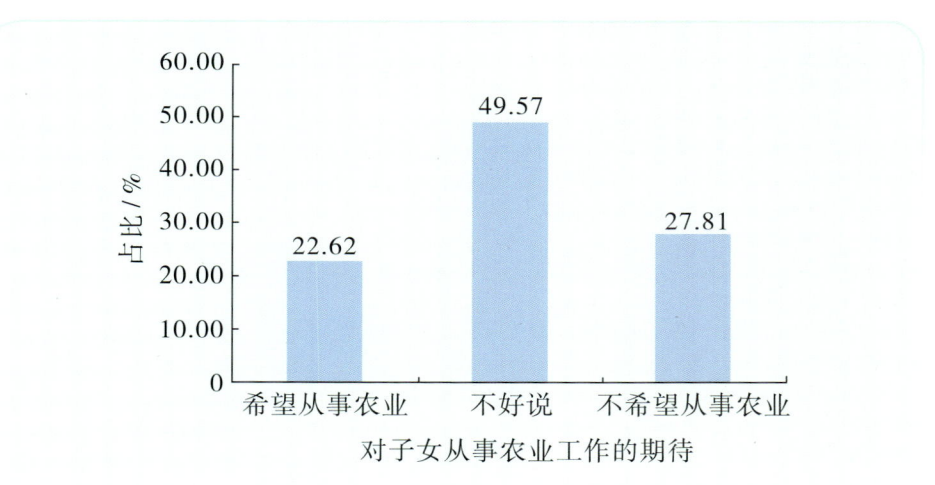

图 6-49　2019 年广东省高素质农民对子女从事农业工作的期待

（五）高素质农民发展环境

1. 扶持政策需进一步加强

调查数据显示，从扶持政策的覆盖面来看，2019 年，广东全省有 68.02% 的高素质农民享受过一项及以上扶持政策，尚有 31.98% 的高素质农民没有享受过任何扶持政策（见图 6-50），扶持政策的覆盖面有待进一步扩大。从扶持政策的类型来看，主要是为高素质农民提供种养技术、经营管理、产业发展等培训（占比为

38.36%），大部分扶持政策的覆盖面不足10%，在扶持内容上需进一步结合高素质农民的需求，提高政策的精准性（见图6-51）。

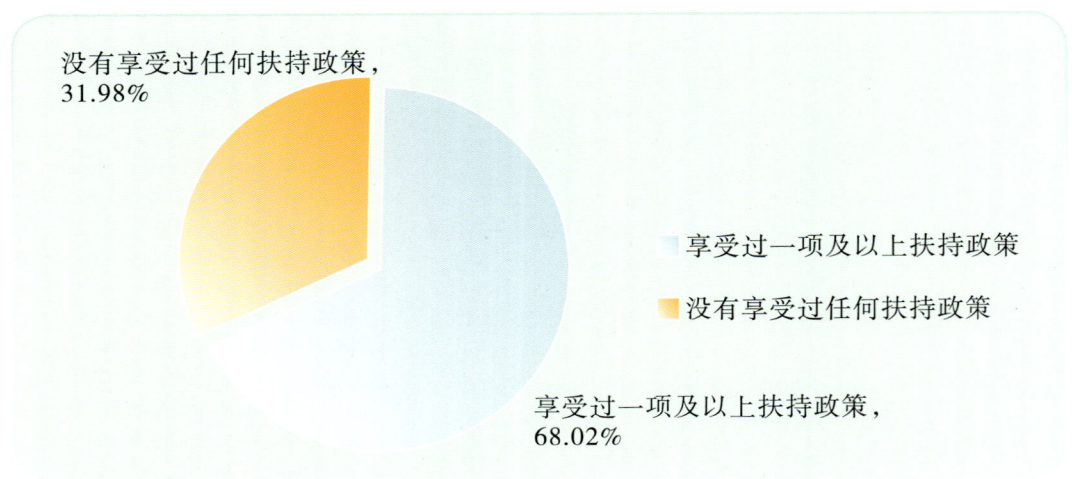

图6-50　2019年广东省高素质农民享受扶持政策占比

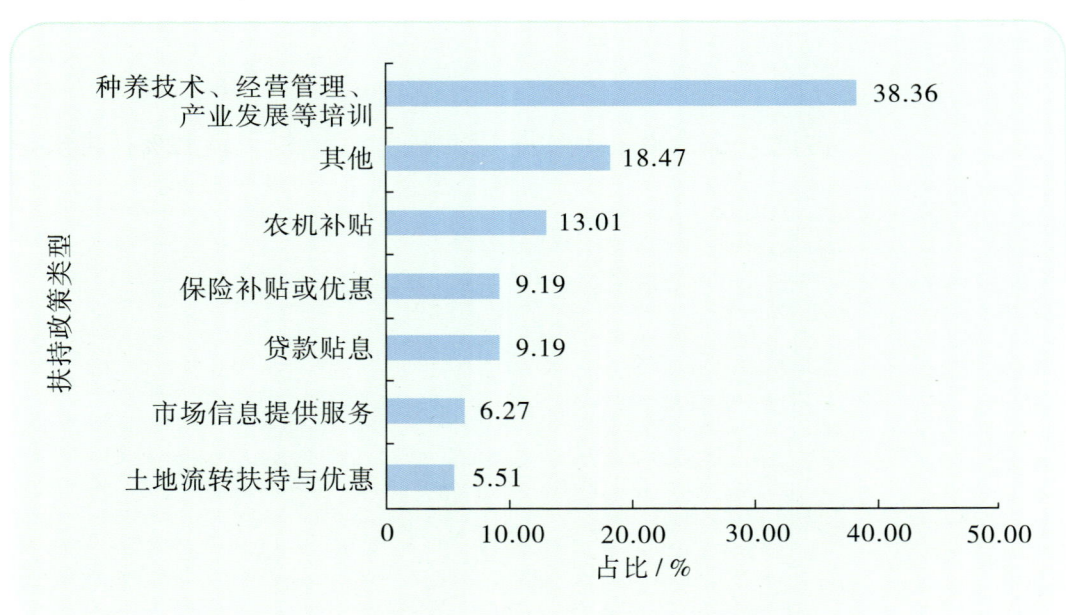

图6-51　2019年广东省高素质农民享受扶持政策类型

2. 农业生产经营面临的困难较多

调查数据显示，广东省高素质农民从事农业生产经营面临的主要问题，排在前三位的是"难以获得市场信息""贷款难""生产性基础设施落后"，占比分别为35.39%、33.55%和31.67%（见图6-52）。扶持政策有待进一步向生产经营最困难的方向倾斜。

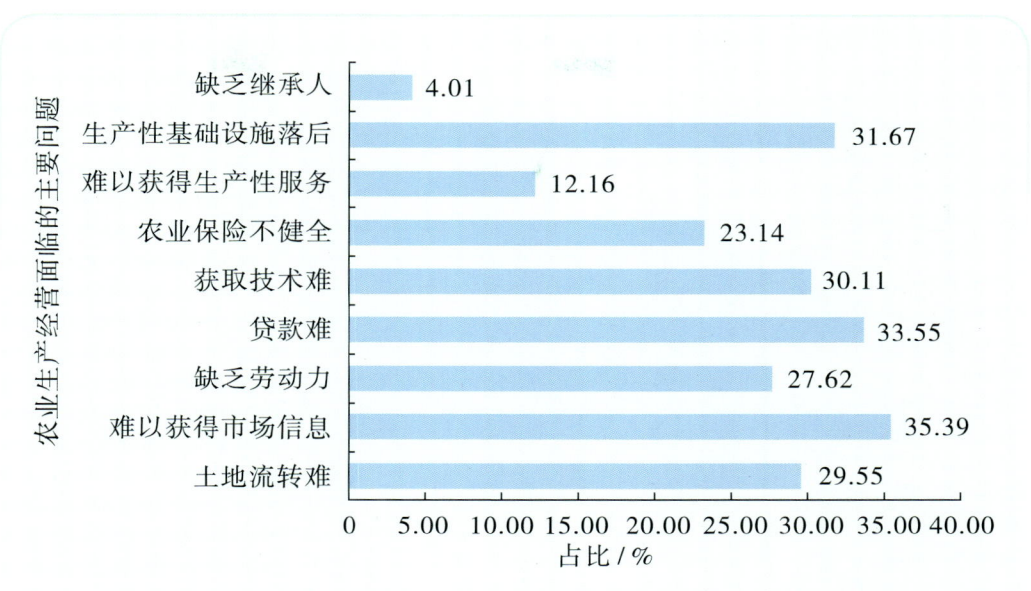

图 6-52 2019 年广东省高素质农民农业生产经营面临的主要问题

3. 培训和贷款贴息方面的政策扶持需加强

调查数据显示,从广东省高素质农民对扶持政策的需求来看,高素质农民最需要种养技术等培训,占比为 64.00%;其次是贷款贴息,占比为 34.12%;再次是生产性基础设施建设和维护,占比为 31.95%(见图 6-53)。

图 6-53 2019 年广东省高素质农民扶持政策需求

4. 获得土地适度规模经营补贴的人员比例较低

调查数据显示,2019 年,广东全省仅 6.20% 的高素质农民获得土地适度规模经营补贴，尚有 93.80% 的人员没有获得该项补贴，获得补贴的人员比例有待进一步提高（见图 6-54）。

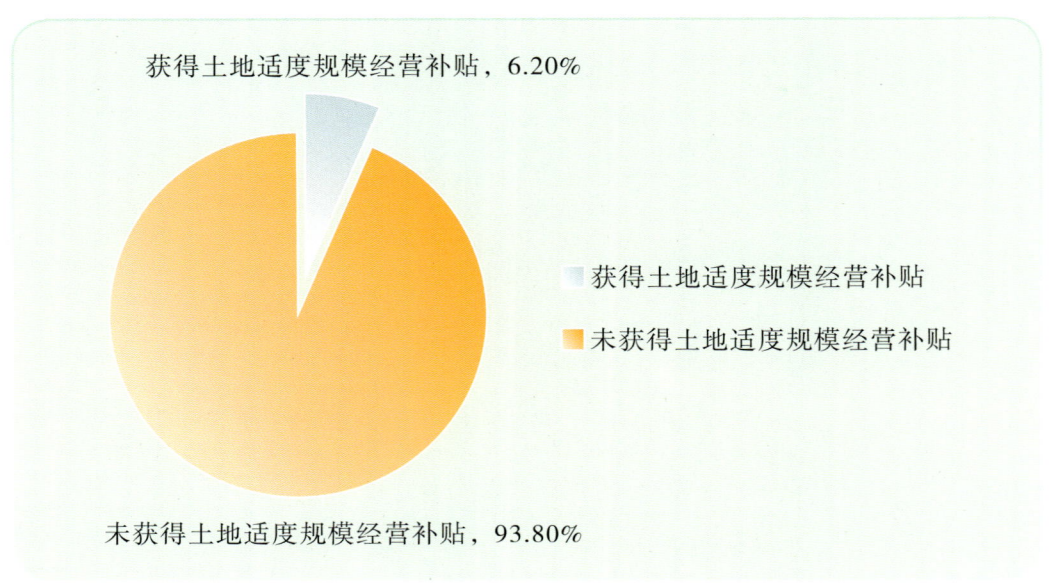

图 6-54　2019 年广东省高素质农民获得土地适度规模经营补贴情况

5. 农业保险参保率较低

调查数据显示，2019 年，广东全省高素质农民农业保险参保率为 52.99%，超过一半的人员购买了农业保险（见图 6-55）。

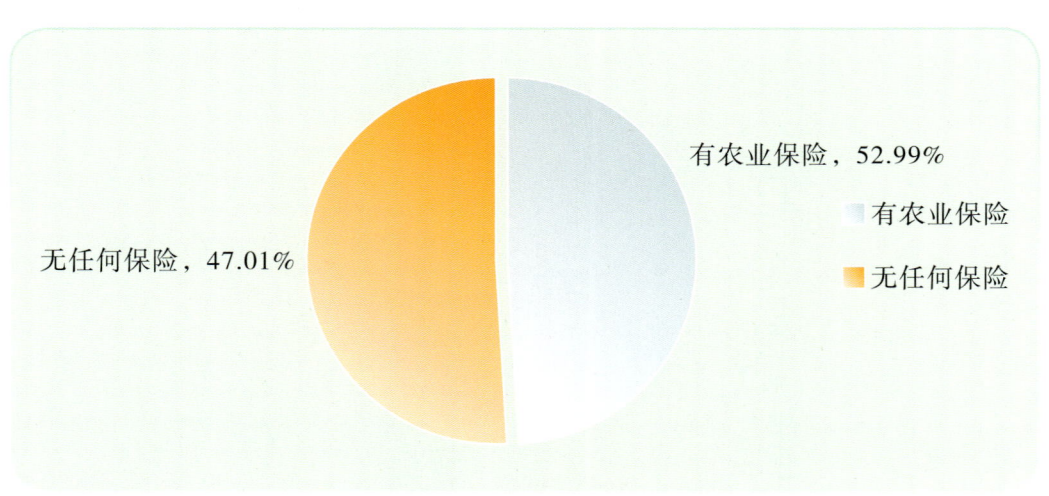

图 6-55　2019 年广东省高素质农民参加农业保险情况

6. 近 40% 高素质农民有贷款需求

调查数据显示，2019 年，广东全省高素质农民从事农业生产贷款需求强烈，36.38% 的人员有贷款需求（见图 6-56）。

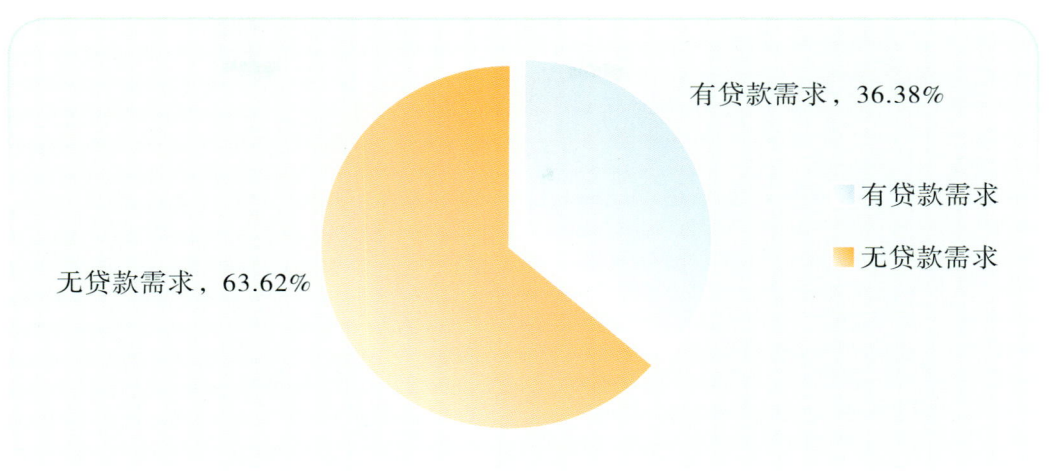

图 6-56　2019 年广东省高素质农民贷款需求占比

7. 贷款供给明显不足

调查数据显示，广东省高素质农民农业生产经营贷款比例为 44.60%。全省有贷款需求的比例为 36.38%，其中只有 39.84% 的人获得了贷款。在获得贷款的人中，55.92% 获得贷款不足需求的三分之一。从整体来看，有 80.73% 的高素质农民没有获得任何贷款（含无贷款需求人数），11.05% 的人员实际获得贷款占最初贷款需求的比例不足三分之一，只有 8.22% 的人员获得了三分之一以上的贷款，贷款供给明显不足（见图 6-57）。

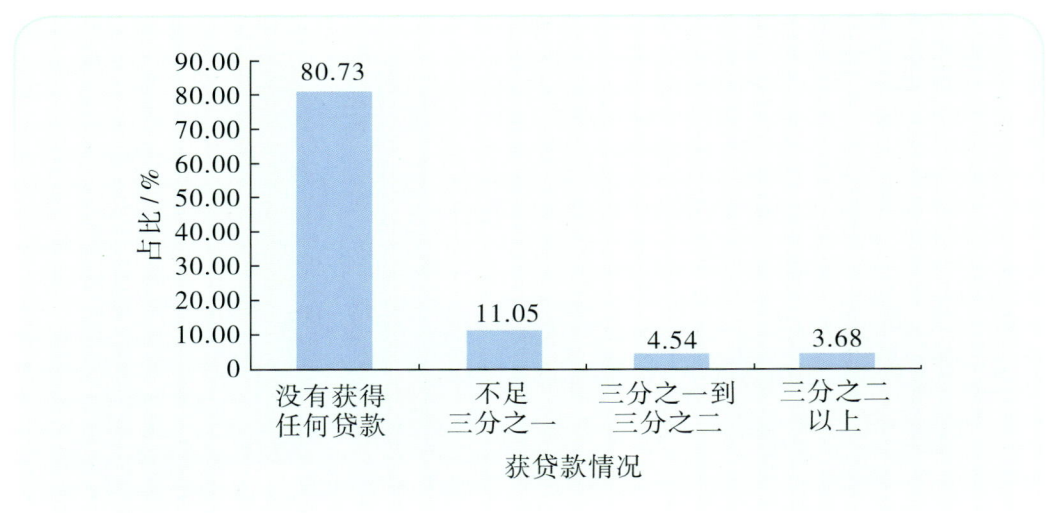

图 6-57　2019 年广东省高素质农民贷款供给情况

8. 贷款难的最主要原因是银行贷款意愿不足

调查数据显示，银行不愿意贷款是贷款难的最主要原因，占比为 39.47%；其次是缺少政府或有实力机构、个人担保，占比为 13.95%；再次是经营状况不稳定或不理想，占比为13.10%；手续复杂、缺少抵押物或抵押物价格缩水分别占比10.33%、10.16%（见图6-58）。

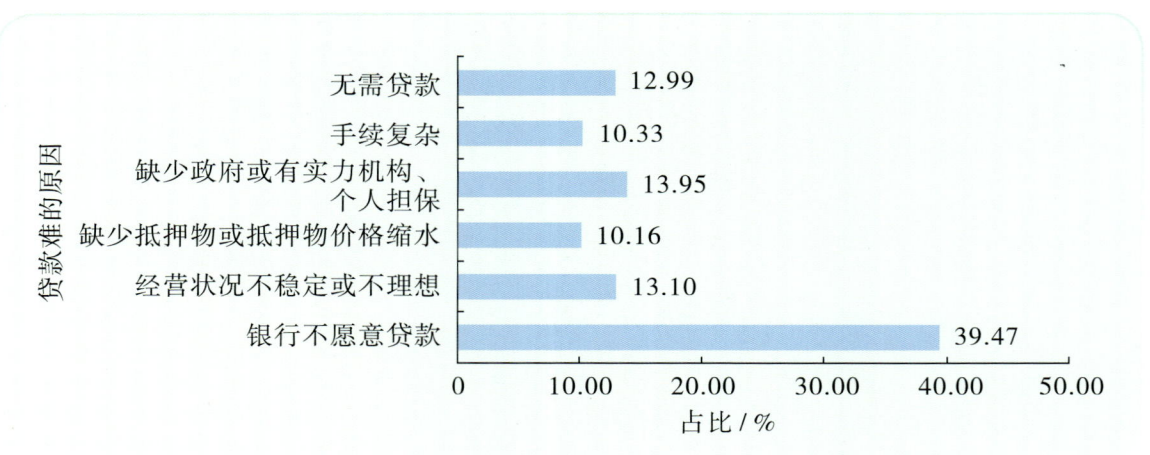

图6-58　2019年广东省高素质农民贷款难的原因

（六）高素质农民受新冠肺炎疫情影响情况

1. 生产资料价格上涨是新冠肺炎疫情带来的最直接冲击

调查数据显示，生产资料价格上涨是新冠肺炎疫情对农业生产造成的最主要困难，占比为47.08%；生产资料运输受阻、劳动力无法及时到位对农业生产的影响也较大，分别占比36.10%、28.65%。此外，现金流不足、融资难度加大、技术人员服务无法及时获得，也对农业生产造成一定影响，占比均在10%以上（见图6-59）。

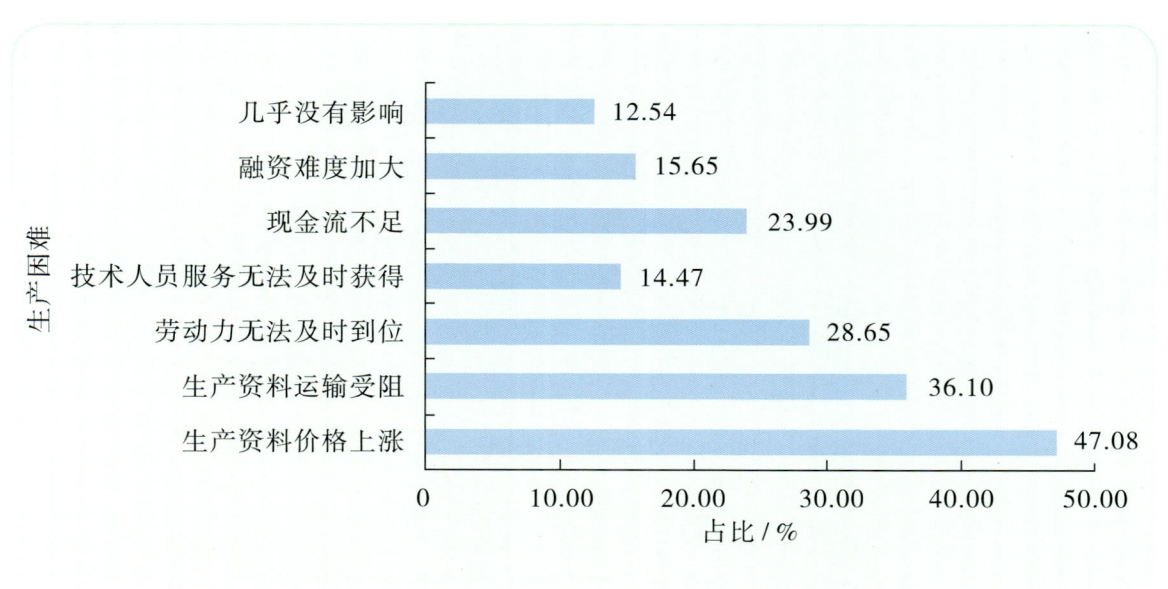

图6-59　2020年新冠肺炎疫情对广东省高素质农民生产造成的困难

2. 需求下降是新冠肺炎疫情对农业经营销售造成的最大困难

调查数据显示，受新冠肺炎疫情影响，广东省农产品市场需求下降对2020年农业经营销售造成的困难最大，占比为56.22%；其次是农产品价格下跌，占比为48.68%；再次是农产品运输困难，占比为32.66%，农产品储存成本大对农业经营销售也造成一定影响，占比为24.46%（见图6-60）。

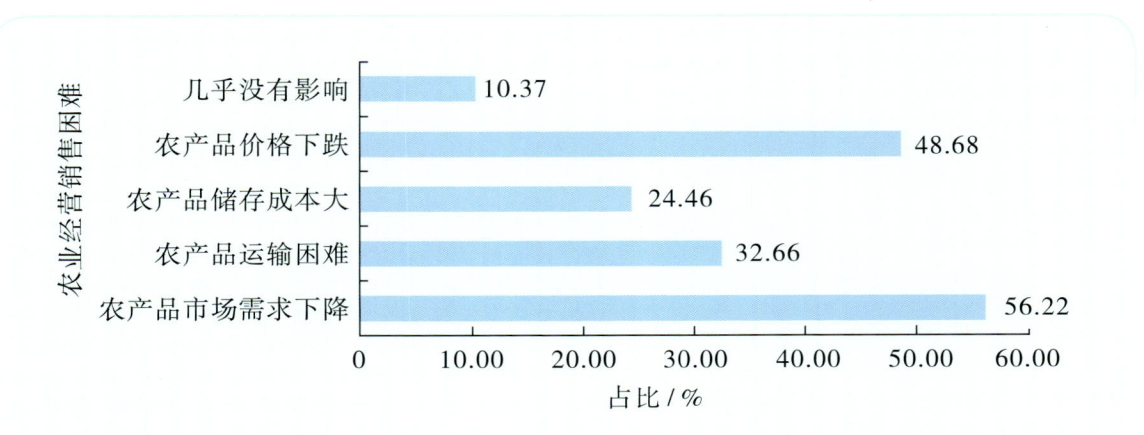

图6-60　2020年新冠肺炎疫情对农业经营销售造成的困难

3. 过半数高素质农民认为新冠肺炎疫情不影响种植（养殖）结构

调查数据显示，广东省51.95%的高素质农民认为新冠肺炎疫情不会影响未来的种植或养殖结构，35.05%的人员认为受新冠肺炎疫情影响未来会减少种植或养殖种类或品种，13.00%的人员认为会增加种植或养殖种类或品种（见图6-61）。

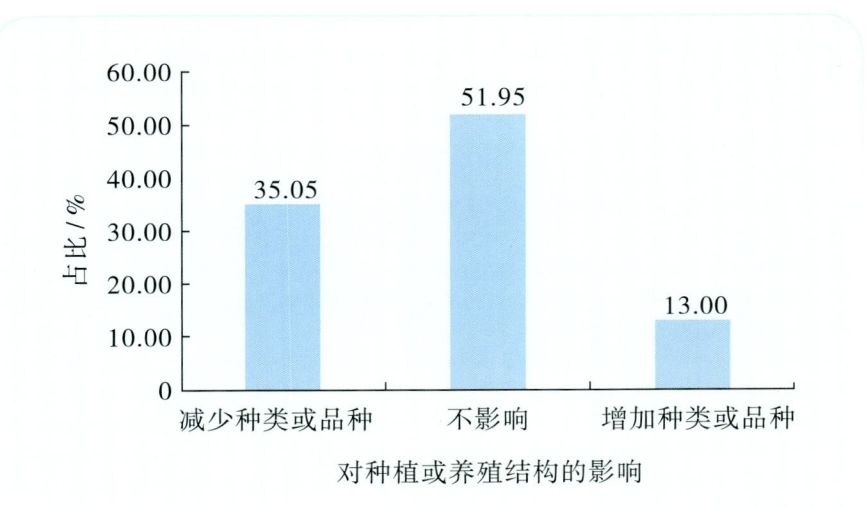

图6-61　2020年新冠肺炎疫情对种植或养殖结构的影响

4. 过半数高素质农民认为新冠肺炎疫情不会影响农业生产规模

调查数据显示，广东省 55.02% 的高素质农民认为新冠肺炎疫情不会影响未来农业生产规模，32.37% 的人员认为受新冠肺炎疫情影响会减少农业生产规模，12.61% 的人员认为会增加农业生产规模（见图 6-62）。

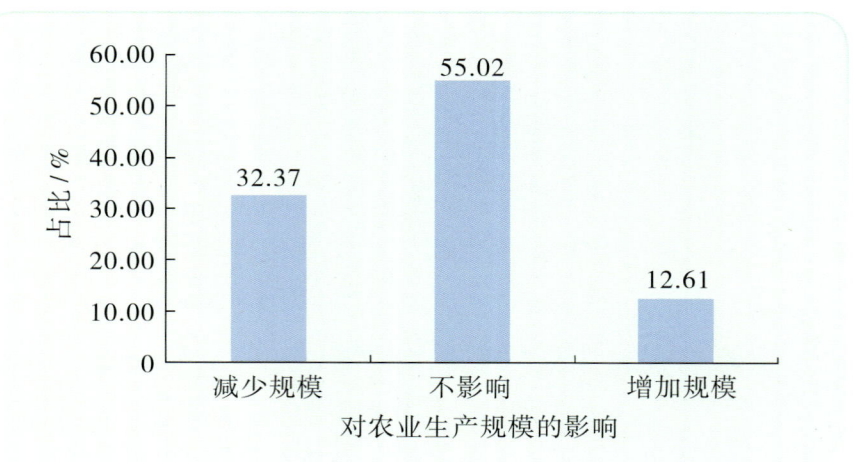

图 6-62　2020 年新冠肺炎疫情对农业生产规模的影响

5. 超七成高素质农民农业预期收入比往年降低

调查数据显示，受新冠肺炎疫情影响，广东省 73.36% 的高素质农民表示农业预期收入比往年低。认为可能减少 25% 以内的占比最高，达 25.25%；认为减少 25%~49% 的占比为 23.87%（见图 6-63）。

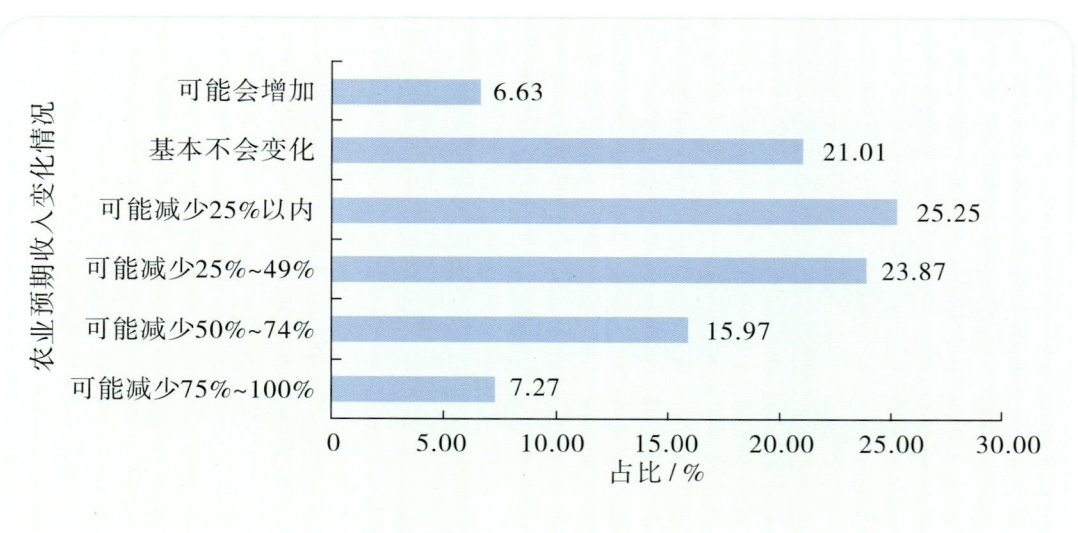

图 6-63　2020 年广东省高素质农民农业预期收入变化情况

七、促进广东省高素质农民发展主要做法

广东是农业人口大省。近年来，广东省委、省政府高度重视农业农村人才培育工作，在推进乡村振兴战略实施中将新型农业经营主体带头人、农业经理人、精勤农民等高素质农民队伍建设提到前所未有的高度。结合广东"三农"发展、乡村振兴和脱贫攻坚实际，在新型职业农民培育工程、政策扶持以及农民职业发展空间和良好环境营造等方面大胆探索创新，加快高素质农民发展。

（一）突出培育，促进高素质农民转型提质

1. 加强顶层设计，高位推动高素质农民培育

2012年的中央一号文件提出"大力培育新型职业农民"。2013年，广东省在阳春、梅县和高要3个县（市、区）启动实施新型职业农民培育工程示范项目，此后逐年扩大示范县范围。2015年，广东省政府把培育新型职业农民列入督办工作和"粮食安全省长责任制考核"指标。2017年，为加快实施新型职业农民培育，在认真总结新型职业农民培育示范县和整市推进示范市的经验基础上，启动实施整省推进计划，在105个农业县区全面推进新型职业农民培育；同年10月，广东省政府出台《广东省推进农业供给侧结构性改革实施方案》，提出要大力培育新型经营主体，加强新型职业农民就业创业培训；11月，广东省农业厅印发《广东省农业厅关于新型职业农民（生产经营型）认定管理办法》，对生产经营型的新型职业农民进行认定。2018年，广东省委书记李希在全省乡村振兴工作会议上强调加强新型职业农民培育工作，省长马兴瑞把培育新型职业农民连续两年写入政府工作报告，《中共广东省委广东省人民政府关于推进乡村振兴战略的实施意见》（粤发〔2018〕16号）也将实施新型职业农民培育工程列入其中，实施新型职业农民培育"十百千万"工程。2019年，把"基层党组织头雁工程""广东技工""粤菜师傅工程""南粤家政""新型职业农民培育工程""乡村专业人员培育工程""科技人才下乡""乡贤返乡工程"等作为乡村振兴战略重点工作任务，与省委"推进乡村振兴战略实施意见""对标三年取得重大进展硬任务相关工作取得新进展"同步实施、定期督办。2020年4月的全省实施乡村振兴战略工作推进会提出，要牢牢扭住"五个振兴"，以发展精细农业、建设精美农村、培养精勤农民为主攻方向，推动农业全面升级、农村全面进步、农民全面发展。以人才振兴为突破口，培养新时代精勤农民。2020年，广东省农业农村厅、省人力资源和社会保障厅印发《广东省精勤农民培育工作实施方案（2020—2022年）》（粤农农〔2020〕148号），提出以培育各类农业职业经理人、

合作社管理人员、家庭农场主、创业致富带头人、专业技能和专业服务型高素质精勤职业农民为重点，加大投入、整合资源、创新方式，力争到2022年，基本实现50岁以下农业从业人员全员培训。同时，全省将持续实施"广东技工""粤菜师傅""南粤家政""乡村工匠"等工程，让农民有更多的平台和渠道接受培训，培育一大批知识型、技能型、创新型复合人才。

为提高培训的规范性和有效性，根据农业农村部、财政部关于做好农民培训工作的有关文件精神，2019年，广东省农业农村厅、省财政厅印发了《广东省2019年新型职业农民培育项目实施方案》，把培育新型职业农民作为强化乡村振兴人才支撑的重要途径，以粤东西北和相对贫困地区为重点，在全省16个市94个县（市、区）实施新型职业农民培育工程，并对培育目标任务、资金安排、实施步骤等作出了明确规定。2020年2月，广东省农业农村厅印发了《2020年广东省高素质农民培育项目实施方案》，提出以粤东西北和相对贫困地区为重点，以农业经理人、新型农业经营主体带头人（含现代青年农场主）为主体，在全省18个市94个县（市、区）开展高素质农民培育项目，共培育高素质农民1.3万人，其中新型农业经营主体带头人1万人，农业经理人0.3万人。该实施方案对相关部门、机构的工作职责和目标任务进行明确规定，对培训管理、培训内容和形式提出要求，为各项目实施县（市、区）编制培训项目工作方案提供了指导。截至2020年11月，全省共完成13019名高素质农民的培训工作。

2. 建立培育机制，加强组织协调

各地加强工作协同，优化资源配置，形成了党委政府主导、农业部门牵头、相关部门密切配合、各类教育培训机构和社会力量广泛参与的新型职业农民培育工作格局。2013年，为有效实施新型职业农民培育工程，广东各项目县成立市、县政府分管领导任组长，农业、财政、人社、教育、科技、供销社、金融、保险等职能部门广泛参与的新型职业农民培育工作领导小组。2020年，为推进高素质农民培育，广东省在总结经验基础上，进一步健全高素质农民培育机制，建立职责明确、上下协调、部门联动、一级抓一级、层层抓落实的工作机制。具体而言，就是省农业农村厅按照农业农村部工作部署和省乡村振兴总目标，统筹全省高素质农民培育工作，制定实施方案，指导各市开展培育、验收和绩效管理。省农民专业合作推广中心负责信息统计、质量监控和宣传、培训体系、师资队伍和教材建设等工作，负责运营管理农民教育培训信息管理系统，协助开展全省农业经理人培育项目验收。

地级以上市农业农村局负责本地区高素质农民培育管理工作，如培训质量管控和项目监管、高素质农民培育宣传、培育体系和师资队伍建设、培育工作总结、全市新型农业经营主体带头人培育项目验收工作的组织等。县（市、区）农业农村局是新型农业经营主体带头人培育项目责任主体，负责对本地区各类农业经营主体及农民培训需求进行摸底调查、宣传发动、培训对象遴选，制定培育实施方案，落实年度培育任务，公开遴选培训机构，推荐或遴选公共实习实训基地供培训机构选用，监管培训过程和资金使用，跟踪实训效果，培育绩效考评、高素质农民考核认定和延伸服务等日常业务管理工作。地方各级农业农村局负责维护本级培训对象、机构、基地和师资数据库，并对各数据库实施动态管理。①

3. 优化资源配置，建立健全"一主多元"的高素质农民培育体系

以服务乡村振兴、农村农业现代化为导向，按照农业农村部推行的"专门机构（管理机构）+ 多方资源（培训机构）+ 市场主体"的方式，发挥农业广播电视学校、涉农院校、科研院所、农业技术推广机构在培训中的作用，鼓励和支持农业企业、农业园区、农民合作社等市场主体建立实训基地和农民田间学校，支持农业技术推广机构对接跟踪服务，初步形成了以各类公益性涉农培训机构为主体、多种资源和市场主体共同参与的"一主多元"新型职业农民教育培训体系。全省10所本科高校、9所涉农高职院校设置了多个农业类相关专业。打造了多层级的人才培训基地，建成国家级农村实用人才培训基地1个、国家级现代农业基础培训基地1个、全国贫困村创业致富实训基地和全国贫困村创业致富带头人（幸福田园）实训基地各1家、部级新型职业农民培育示范基地5个、省级现代农业技术培训基地37个、省级综合类新型职业农民（高素质农民）培训基地145个，省级新型职业农民（高素质农民）实训、田间学习和创业孵化基地268个，市县级新型职业农民（高素质农民）培育基地327个。

4. 注重灵活实效，创新丰富培训形式

一是灵活设置授课方式，提高培训的针对性和有效性。遵循农业特点和高素质农民成长规律，以服务产业、农学结合、实用开发、方便农民、科学规范为原则，注重理论教学与实践教学相结合、系统知识培训与跟踪指导服务相结合、传统培训方式与现代培训手段相结合，采取"培训机构（农广校、职校）+ 农技推广机构，培训机构 + 农技推广机构 + 农民经济合作组织（农业企业、农业园区）"等多种模式，着力开展理论培训、实践操作、观摩交流等三大模块的培育工作。推行高素质

---

① 广东省农业农村厅：《关于印发〈2020年广东省高素质农民培育项目实施方案〉的通知》，2020年2月27日。

农民"进高校"行动，按"操作为主、理论为辅"，注重实践技能操作，采取启发式、互动式、案例式以及现场演示、送教下乡等教学手段，增强培训的实践性、参与性。探索建立村镇级农业专家联络站，开展农技服务、现场指导、培训宣讲，采用"专家+技术助理+经营主体+农户"模式，实行"大专家"结对培育"土专家"，"土专家"培育带动普通农户的做法。强化示范引领，聘请企业高管、广东百佳高素质农民授课，激励学员创新创业。注重学员间、学员和教师之间以及学员与实训基地负责人之间等的交流、互动，组织学员与电商农产品平台交流、洽谈对接活动，放大培训效益。结合农业生产周期、农时季节和农民实际技术需求，实行分段式集中脱产培训。

二是开展农村实用人才带头人培训。聚焦产业、精准扶贫、创新创业、乡村治理、经营主体发展，实施"双培双带"工程，把农村党员干部培养成实用人才带头人，把实用人才中的优秀分子培养成农村党员干部，增强他们带领群众共同致富的能力。2018年，省农业农村厅投入资金1000万元，培训农村实用人才带头人近10000人，大力培训以新型职业农民为主的农村实用人才带头人。

三是依靠产业项目带动和经营主体发展培育新型职业农民。按照以人才支撑产业、以产业造就人才的思路，依托现代农业产业园、"一村一品、一镇一业"等涉农重大项目工程，在农村实施具有地方特色的优势产业项目，促进产业发展与人才培养良性互动，着力培养提高农村人才的实践能力和技术水平。2018年，全省国家重点龙头企业达68家、省农业龙头企业4260家（其中省重点龙头企业915家）、农民合作社4.7万家、家庭农场1.72万家，新型职业农民增至74万人，各类新型经营主体带动635万农户，户均增收3500元。

5. 注重系统知识培训与发展能力提升相结合，分类设计课程体系

一是突出理论实践一体化，分类设计教学模块。各项目实施县（市、区）根据《2020年广东省高素质农民培育项目实施方案》关于培训内容和形式的指引，参考农业农村部农民科技教育培育基地制订的"新型职业农民培训规范"（第一、二、三、四批）、《现代青年农场主指导性培训方案》和《新型农业经营主体带头人指导性培训方案》，结合本地实际需要，2019年、2020年上半年针对新型农业经营主体带头人与青年农场主设计三个教学模块，分阶段进行培训：

第一模块为综合素养课教学。为提高高素质农民综合素质，圆职业农民大学梦，培训机构组织学员到省内涉农高校学习。学习内容包括但不限于思想政治、农业通识、农业农村政策法规、文化素养等课程。主要学习农业政策与法律法规解读、新型职业农民认定及扶持政策解读、乡村振兴战略解读、农民素养与现代生活、现代农业生产经营与管理、家庭农场建设与经营管理、农产品品牌建设、农产品电子商务与营销、现代农业创业、休闲农业与乡村旅游、农产品质量安全、农民合作社建设管理、农业企业发展规划等课程。

第二模块为专业能力课教学。专业能力课包括但不限于乡村治理、农业生产技术、农业经营管理、农产品营销、电商网红、绿色发展等课程。培训机构要组织学员到2个以上的省级电商基地（企业）参观、交流、学习，为学员提供农产品电商销售和融资对接平台，并就地聘请2个以上省级电商基地（企业）高管或知名融资企业高管讲授农产品电商销售专题或农业企业融资专题课，提升职业农民的企业管理、运营和销售水平。

第三模块为能力拓展课教学。培训机构要组织学员到2个以上由省农业农村厅认定的省级龙头企业、农业产业园、合作社、家庭农场（其中广州国家现代农业产业科技创新中心为推荐点），或各级农业行政主管部门认定的高素质农民培育示范基地（实训基地、田间学校、创业孵化基地）进行实训、参观、交流和学习，并就地聘请2个以上企业高管讲授现代农业经营管理专题课，让农民学习和借鉴成功的农业企业生产经营模式，提高高素质农民做农业的信心。①

为激发农业经理人职业自豪感和使命感，促进其职业道德、职业素养的自我养成，积累企业经营管理知识储备，提升涉农经济组织经营管理能力，促进涉农经济组织发展，提高就业能力，各项目单位要按农业农村部《农业经理人培训规范》要求，对农业经理人进行九个模块课程培训，分别是：农业经理人基础课程，通过培训，增进农业经理人对农业行业现状和未来发展趋势的了解，明晰农业经理人组织定位和作用，培养职业道德，提升职业素养；法律知识与责任课程，通过培训，让农业经理人了解涉农相关法律的基本内容和实际运用，知道涉农经济组织承担的法律责任与社会责任，具备保护组织利益、维护员工合法权益的能力；市场营销课程，通过培训，增强农业经理人对涉农行业市场特点的把握，掌握涉农行业市场规律，能够组织开展涉农经济组织市场调查，指导业务部门制定市场营销计划和市场预测；生产管理课程，通过培训，使农业经理人了解农村土地流转基本程序，掌握农业生产基地评价的要素和方法，能够根据组织实际开发生产工作流程，组织产品生产，熟悉农产品质量控制环节，具备农产品质量管理能力；人与生产力管理课

---

① 广东省农业农村厅：《关于印发〈2020年广东省高素质农民培育项目实施方案〉的通知》，2020年2月27日。

程，目的是让农业经理人了解涉农经济组织经营特点，根据实际合理设置部门、岗位，能根据岗位需求进行员工招聘，能组织开展员工入职或技能提升培训，注重人才培养；采购与库存管理课程，是要农业经理人了解农产品采购与库存管理的原则、方法及风险防控，掌握采购与库存管理工具与流程；财务管理课程，是要农业经理人了解农产品成本的概念及分类，能区分农产品直接和间接成本，掌握农业行业成本核算方法；目标管理课程，是要农业经理人了解目标管理相关知识，掌握工作目标和计划编制、评价方法，能够制定组织工作目标和工作计划，对组织工作计划、会务进行目标管理；实训模拟课程，是通过沙盘演练，让农业经理人模拟涉农行业市场调查、农业生产经营，根据情景，应对市场需求变化，合理分配有限资源，通过组建高效团队和内部机构设置，有效市场组合赢得顾客，从而获得真实经营管理感悟，完成理论知识能力转化，提高其实际经营管理能力与网络营销能力。[①]

高素质农民培训班要实施农业信息化教学，将"云上智农"APP应用纳入培训课程，通过信息化手段推动小农户衔接现代农业，全面提升农民信息化应用水平。所有的培训班、培育学员、教师课程安排均要求实现上线可查，学员在网上对任课老师、班级管理进行评价，对培训课程设计提出意见建议。依托全国农业科教云平台和"云上智农"APP，由培训机构组织学员对所有培育班次的培训教师、培训基地、培训班组织和培训效果实行线上考核。

二是突出产业需求，优化课程设计。在《实施方案》大框架内，各级项目实施部门，在课程安排时都能充分考虑本地农业特色，围绕优势产业、主导产业的扶持和提升，优化课程设计，开展有针对性的培训。如湛江市徐闻县2019年将果蔬种植、养殖等优势产业农民作为培养重点，开设了"非洲猪瘟的防控措施""草地贪夜蛾的发生与防控"等课程，组织学员到英德积庆里茶业有限公司进行参观、交流、学习，并请企业高管讲授"小茶叶，大作为"专题课程，提升职业农民的企业管理、运营和销售水平。在实训教学中，徐闻县组织学员赴英德市永和农业公司茶叶基地、广州花卉研究中心从化基地进行实训、参观、学习、交流。肇庆市鼎湖区结合水产养殖产业特色，在高素质农民课程中开设了"现代水产养殖技术""四大家鱼病害防治及用药指导"课程；阳春市针对畜牧养殖特色，开设"动物疫病常见防治技术""我国兽药安全使用管理规定"课程；始兴县针对蔬菜种植产业特色，开设"蔬菜病虫害防治技术"课程；惠来县针对南药种植产业特色，开设"南药产业化

---

① 广东省农业农村厅：《关于印发〈2020年广东省高素质农民培育项目实施方案〉的通知》，2020年2月27日。

种植技术"培训；海丰县针对荔枝产业的特点，开设"荔枝销售与推广"培训；遂溪县开设"甘薯绿色栽培技术与病虫害防治"培训；等等。

（二）强化新生力量补充，壮大高素质农民队伍

1. 加强涉农人才培养

在中等职业学校、高校开展涉农人才培养工作。广东省教育厅、省农业厅印发了《关于开展新型职业农民培养试点工作的通知》（粤教职〔2014〕15号），启动了中等职业学校新型职业农民培养试点申报工作；2015年2月，两厅又印发了《关于公布广东省首批新型职业农民培养试点中等职业学校名单的通知》（粤教职〔2015〕19号），确定了12所中等职业学校开展新型职业农民培育工作。目前，全省9所涉农高职院校设置了农业类相关专业6个；10所本科高校设置了19个农科专业。围绕乡村振兴战略实施，各学校推动高等农林教育创新发展、培育农林学生"爱农知农为农"素养、提升农林专业建设水平、创新农林人才培养模式、完善农科教协同育人机制等举措，培养高素质农民。

2. 推动人才下乡入乡

政策倾斜与活力激发并举，建立引导人才下沉机制。2019年12月，广东省委办公厅印发《关于进一步鼓励引导人才向粤东粤西粤北地区和基层一线流动的实施意见》，从搭建干事创业平台、深化人才帮扶协作、培育发展本土人才内生动力，完善人才激励保障等方面，提出了一系列鼓励引导各类人才向农村流动的举措。通过科技特派员制度、科技工作者上山下乡助力乡村振兴行动、科技志愿者服务行动、青年科学家乡村行、院士专家企业行、乡村振兴科普行动、文化人才引入基层计划等的深入实施，助推人才向农业农村汇集，在一定程度上弥补了高素质农民缺口，并带去了先进的现代农业经营管理理念和模式，发挥了积极的示范带动作用。

（三）实施政策扶持激励，增强高素质农民发展能力和动力

围绕制约高素质农民发展的"钱、地、人"问题，广东认真贯彻落实党的十九大和中央1号文件精神，创新政策措施，充分利用优惠政策，在土地流转、农业项目、农业基础设施建设、金融信贷、农业补贴、农业保险、产业扶持等方面加大对高素质农民的扶持力度，支持高素质农民创办各类农业经营主体。

1. 加强融资保障

2017年12月，政府、龙头企业、金融机构三方合力成立全国首只农业供给侧结构性改革基金，重点支持包括新型农业经营主体和农业服务主体、农林渔业现代种

业建设、农林渔业设施装备、发展绿色农林渔业、农林渔业新业态新产业等农林渔业中具有一定收益的经营性股权投资项目。截至 2019 年 12 月，累计完成项目投资共 20 个，合计出资金额 15.37 亿元，投资遍布粤东西北及粤港澳大湾区内的全省农业企业。2018 年实施的《广东省农业厅关于新型职业农民（生产经营型）认定管理办法》规定，生产经营新型职业农民凭《新型职业农民证书》享受新型农业经营主体等扶持政策。2019 年出台的《广东省支持中小企业融资的若干政策措施》，就破除中小企业融资难、融资贵、融资慢问题提出 22 条解决政策措施。

2. 加大用地保障

2019 年，广东省自然资源厅、农业农村厅联合印发《贯彻落实省委省政府工作部署 实施乡村振兴战略若干用地政策措施（试行）的通知》，提出促进农村集体建设用地节约集约利用，推动农村新产业新业态发展的 13 条用地措施。具体内容包括，省级层面每年要安排一定比例的新增建设用地计划指标，专项用于农村新产业新业态发展；涉农市县各级每年安排不少于 10% 的用地指标，优先保障农业产业园、科技园、创业园、县域助农服务综合平台和镇村助农服务中心建设用地；在建设用地总量不突破，不占用永久基本农田的前提下，各地市在编制和实施乡镇土地利用总体规划时，可预留不超过 5% 规划建设用地规模，用于农村新产业新业态发展等建设等①。同年 9 月出台的《关于支持省级现代农业产业园建设的政策措施》，明确将农业产业园建设用地纳入预留城乡建设用地规模的使用范畴。农业产业园所在地级以上市按照不低于 50 亩 / 园的标准一次性安排农业产业园用地指标，在年度新增建设用地指标中保障农业产业园项目建设用地需求，做到应保尽保，并列入省实施乡村振兴战略实绩考核内容②。12 月，广东省自然资源厅出台《关于实施点状供地助力乡村产业振兴的通知》（粤自然资规字〔2019〕7 号），提出"确需在城镇开发边界外使用零星、分散建设用地，且单个项目建设用地总面积不超过 30 亩的，可实施点状供地"。

3. 加大返乡创业扶持

一是促进创业扶持提标扩面。将一次性创业资助标准从 5000 元提高到 1 万元，对象范围扩大到返乡创业人员以及从事农家乐、乡村驿站、民宿经营的创业者。二是加大返乡创业政策力度。出台《关于进一步加大返乡下乡创业支持力度推动乡村

---

①② 程胜涛：《广东 12 家企业上榜！农业农村部公布第六批农业产业化国家重点龙头企业名单》，南方 Plus，2019 年 12 月 5 日。

全面振兴有关工作的通知》（粤人社发〔2018〕128号）、《关于进一步鼓励引导人才向粤东粤西粤北地区和基层一线流动的实施意见》等，提出落实优惠政策、强化培训辅导、加强人才支撑、建设返乡创业孵化载体、完善返乡创业公共服务、抓好宣传引导及加强组织领导等方面政策举措，促进更多有志人士实现返乡下乡创业。三是分类开展创业培训。为有创业要求和培训愿望的各类劳动者提供创办企业培训，每人最高补贴1000元；扶持有发展潜力和带头示范作用突出的初创企业经营者参加高层次能力提升培训，每人资助1万元。四是支持创业孵化服务载体建设。提供场地保障、创业培训（实训）与指导、项目展示对接等服务，改善乡村创业环境，对于达到一定标准的创业孵化基地，由地级以上市按照每个基地10万元的标准给予补助。

4. 探索农村人才职称评价标准

一是推动出台并贯彻落实《关于深化职称制度改革的实施意见》（粤办发〔2017〕52号），深化农业专技人才职称评价改革，建立符合加快推进农业农村现代化的评价标准，重点评价农业技术人才掌握现代农业科技知识和农业技术推广、科研、种养、传授、培训以及农业科技成果转化应用等实际能力和业绩。二是结合建设现代农业体系和新农村的需要，在惠州、广州、珠海、韶关、梅州等地开展农村实用技术人才职称评审试点工作。

（四）搭建交流服务平台，助力高素质农民发展

1. 搭建交流互助平台

在培训班开设农民手机运用课程，指导学员安装农技耘、云上智农APP等手机学习平台，建立高素质农民产业交流QQ群、微信群，引导高素质农民在平台上学习、交流。组织开展跨省区交流合作。引导高素质农民成立协会、联合会、联盟等组织，构建产业集群发展"联合体"，鼓励高素质农民抱团发展。

2. 搭建服务平台

联系金融机构，进培训班、进协会、进主体，为学员讲解农村金融知识；进行银农对接、银场对接、银社对接、银企对接；畅通信息渠道、融资渠道，帮助新型农业经营主体解决融资难、利息高、门槛高等问题。针对学员卖粮难、卖菜难的问题，开展产销对接活动；帮助学员创建品牌、推介农产品参加农展会，解决农产品销售难等问题；组织开展创业创新项目路演、技能竞赛等活动，提升农民创新创业能力。

3. 搭建指导平台

按产业类型、专家特长，组织专家团队对接有一定产业特色的种养大户、家庭农场、农民合作社等农业经营主体，开展"一对一"信息、项目、技术、管理一体化服务，推动农技推广、农业科研院校等专家面向高素质农民开展跟踪服务，构建陪伴式长效跟踪机制。

（五）加强典型宣传，提升农民职业荣誉感

开展"2018年度全国百名优秀新型职业农民""2018年广东十佳最美新型职业农民""2019年广东十大杰出新型职业农民""2020年广东十大杰出高素质农民"等的评选及授牌活动，加强对杰出乡村人才的宣传力度。2017年，省农业农村厅开展广东百佳新型职业农民评选认定活动，编印了《广东百佳职业农民风采》一书；2018年选派2名广东百佳新型职业农民赴欧盟交流学习；做好"全国十佳农民""全国百名杰出新型职业农民"推荐工作。湛江市绿保现代农业发展有限公司被评为"全国中小学生研学实践教育基地"。中国产经新闻报、南方日报、南方农村报、南方农村工作通讯、电视、网络等媒体开辟专题专栏，宣传报道新型职业农民事迹，树立高素质农民先进典型，激励吸引广大青年农民投身农业事业。

八、广东省高素质农民发展的主要成效

（一）壮大了高素质农民队伍

2018年，广东新型职业农民总量74.1万人，培育了1000多名现代青年农场主，初步建立了一支"爱农业、懂技术、善经营"的高素质农民队伍。培养了一大批农村创业致富带头人，培育了一批"全国十佳农民""全国百名杰出新型职业农民""广东十佳最美新型职业农民"等新型职业农民优秀骨干，吸引了一批农民工、中高等院校毕业生、退役士兵、科技人员等到农村创新创业，带动资金、技术、管理等要素流向农村，发展新产业新业态，增强农村发展活力，繁荣农村经济，缩小城乡差距。

（二）提升了农民素质

通过高素质农民培育发展工程，提高了农民的科学文化素质和生产经营能力，推动农民由身份向职业转变，农业逐步成为体面的职业，提升了广大农民平等参与

现代化进程、共同分享现代化成果的能力。

通过系统培训,提升了参训学员理论水平,拓宽了知识视野,增强了发展现代农业的综合素质、创业精神、创新意识和创业能力,为从事专业化、标准化、规模化和集约化现代农业生产经营提供了智力支撑,增强了农民增收致富内生动力。如通过授课专家对农业政策与法律法规的解读,让农民了解了国家现代农业发展政策、对新型农业经营主体发展的引导方向、财税政策、金融贷款服务、保障支持政策和项目申请指引等内容,增强了参训学员的发展自信;对新型职业农民认定及扶持政策的解读,让农民了解新时代职业农民的广阔前景和发展空间,增强终身学习意识,按照政策指引要求自我完善、做大做强;对合作社法、财务管理、合同法、农产品质量安全、农产品认定、农业金融等内容的学习,提升了农民的经营管理能力;对现代农业生产经营模式,尤其是家庭农场建设和现代设施农业技术相结合方式方法的培训学习,提升了参训学员从事现代农业生产经营的技能;通过市场营销、品牌建设等培训,建立了对农产品生鲜电商、渠道建立、品牌塑造等问题的深层次认识;通过生动的案例教学和互动交流,对农产品质量的法律条例与农产品加工提高收益产值、农民在全球市场和国家城乡发展背景下应具备的品质和发展思路、互联网思维与现代农业创新发展、农业信息化与农民终身学习等多领域讲授,为参训学员打开了新农业发展的新思路,提升了农民信息化应用和自主学习能力。

(三)增强了示范带动效应

高素质农民创新创业能力和动力的持续增强,不仅推动了农村产业转型升级,而且发挥了良好的示范带动作用。通过"公司/合作社/社会服务组织+农户"形式,对小农户的"带动作用"提升为"引领作用",带动小农户增产增收,促进贫困农民脱贫致富。2019年,全省产业化组织带动农户712万户,带动农民户均增收3660元[①]。

荔枝种植"工匠"带动农户年增收超5000元。广东省高州市沙田镇人朱焱宗在大学毕业后回到农村,接管父亲多年创办的果园。在原有果园的基础上,朱焱宗成立了高州市燊马生态农业发展有限公司,注册了"马头牌"商标。通过创新管理,推进改革,将公司带入了高速发展的轨道。2019年公司基地的荔枝龙眼产量500多吨,加工荔枝龙眼量1000多吨,年销鲜果量800多吨、干果量200多吨,生产总额2200多万元。事业成功的同时,朱焱宗主动投入到家乡扶贫攻坚和公益事业中。他

---

① 程胜涛:《广东12家企业上榜!农业农村部公布第六批农业产业化国家重点龙头企业名单》,南方Plus,2019年12月5日。

采取"龙头企业+农户""龙头企业+合作社+农户"等模式联农带农，通过经营农民专业合作社、组织培训讲座、设立创业基地等途径传帮带，吸纳有劳动能力的贫困户到基地务工，与农户共享冷库、物流、电商平台等资源，带动当地农户平均每户年增收超 5000 元。[①]

稻香瑶山"领头人"带 700 多户村民走上致富路。广东省清远市连南瑶族自治县大坪镇军寮村房瑶冷三尔 2008 年创办了连南瑶族自治县绿源优质米加工厂并成立了连南瑶族自治县瑶山水有机稻农民专业合作社。房瑶冷三尔通过"合作社+社员+农户+加工厂"模式，以合作社为平台，为成员和农户提供种子、苗鱼、种植和养殖技术指导，将种养、加工、销售集聚一体化，带动大坪镇乃至全县种植水稻的瑶区群众发展种养稻鱼，累计带动 700 多户村民从中获益。[②]

九、广东省高素质农民发展存在的主要问题

近年来，尽管不断加大培育力度，改善发展环境，初步形成了一支知识化、年轻化、专业化的高素质农民队伍。但相对于农业农村现代化建设、乡村振兴总任务要求，高素质农民队伍群体仍然偏小，新型经营主体和社会化服务组织发展尚不充分，高素质农民的培育和社会保障体系仍不完善，发展环境有待进一步改善和优化。

（一）高素质农民培育质量有待提高

一是认识不到位，重视不够。将培育简单等同于培训，没有按"三位一体"来系统安排好教育培训、认定管理、政策扶持三个环节，认定工作缓慢，认定标准不够科学，延伸服务还有很大提升空间，政策扶持落实力度不够，政策落地"最后一公里"尚未打通。

二是教育培训的精准性有待增强。培训课程设计无法满足职业农民岗位复杂、需求个性化和多元化需求，如农民对种植业、养殖业等技术类的培训意愿较强烈，但目前统一的教材培训难以实现农民的差异化技术类需求，理论与实践脱节的教育培训仍然存在；课程设计主要关注农业一产，新产业新业态等关注较少；培训教材重视传统文字教材，手册化折页式教材不多，多媒体教材开发力度不够；课时安排与农时对接不够，存在时空（农闲农忙）、工学矛盾，影响农民参与学习的积极性。广东地处华南，气候温暖湿润，尤其是珠三角地区的农业可以实现全年生产。

---

①②《"2020 年广东十大杰出高素质农民"揭晓》，南方网，2020 年 9 月 24 日。

虽然各地在新型职业农民的培训时间上具有较大的自主选择权，但集中培训的时间较长，这势必会给农民或农业企业的正常农业生产造成一定影响。

三是实操指导型专家欠缺。目前的师资队伍整体偏向理论型，接地气、有技术、会讲解的本土基层实用的"双师型"师资不足。

四是涉农培训机构发育不够。受机构改革和农业培训工作任务不重视等因素影响，广东各级农广校、农业干部学校等农业培训机构均改名或被撤销，农业培训工作职能相对弱化。在实施新型职业农民培育中，存在培训机构和师资队伍相对薄弱的短板，加上项目县公开遴选或招标培训机构需要花大量的时间，严重影响了新型职业农民培育进度，遴选机构难成了广东省高素质农民培育工作的短板。

（二）参与积极性不足

当前，农村剩余劳动力大多年龄偏大且文化水平低，部分学员连普通话都不能完全听懂，对现代化农业生产经营技术的学习能力差，难以熟练操作现代化农业装备，培训知识吸收效率低，从而增加培训难度。对农业农村发展形势缺乏准确认识，自主学习意识和主动参与培训的积极性不高，导致高素质农民培育对象吸收难，条件适合的不愿参加培育，认为培训会耽误农时，看不到知识带来的巨大经济效益，即便免费培训也不愿接受；愿意参与培育的条件不足，参加培训的学员逐渐转变为年龄偏高的群体，年轻的新型职业农民后继不足。

（三）政策宣传不到位

由于地域因素的制约，农户居住较为分散，农民对外界新知识、新技术知之甚少。受机构改革和农业培训工作任务不重视等因素影响，对高素质农民培育的相关政策宣传不到位，宣传途径狭窄。目前各项目县对培训对象的宣传、调查摸底、自愿报名等工作多是委托给乡镇农技站宣传发动各村报名参加，广大农民对教育培训带来的好处了解不多，报名参加培训的人员远远不够。

（四）发展环境有待改善

职业农民以市场为主体、大多是自主创业，在农业生产经营中面临诸多自然风险与市场风险。在高质量发展阶段，农业农村发展面临的农业资源偏紧和生态环境恶化约束日趋严峻，人民对农产品质量的要求越来越高，生产要素成本不断抬升，而农业生产经营效益提升缓慢，加之土地流转和农村金融制约困境仍未破局，再加之农村劳动力大量转移，务农人员"兼业化、老龄化、低文化"问题突出。

（五）政策落地见效仍需努力

尽管在政策要素供给上，广东省委省政府不断加大力度，但高素质农民政策获得感不强。调查结果显示，2019 年，全省仅 6.20% 的高素质农民获得过土地适度规模经营补贴，31.98% 的农民没享受过任何扶持政策，大部分扶持政策的覆盖面不足 10%。贷款难一直是制约高素质农民发展的主要问题，33.55% 受调查农民遭遇贷款难。

十、培育壮大广东省高素质农民队伍的建议

立足广东乡村振兴和农业现代化实际，突出"精""勤"培养，进一步加强培养制度建设，分类分层实施高素质农民培育，推动农民教育培训全面提质增效。创新完善发展和保障体系，畅通乡村人才成长通道，加快建设有文化、懂技术、善经营、会管理的高素质农民队伍。

（一）推动农民教育培训全面提质增效

1. 把握好新时代高素质农民队伍培养的目标思路

深入贯彻党的十九大精神，以习近平总书记关于"三农"工作重要讲话为指导，紧扣乡村振兴战略总要求，以服务质量兴农、绿色兴农、品牌强农，促进农业高质量发展为导向，以满足农民需求为核心，明确高素质农民培养体系建设的总体要求、重点任务和运行机制等，推动高素质农民全周期、全过程培育，全面提升培育质量效能，办农民满意的教育培训。

2. 建立健全精勤高素质农民培育制度

建立健全与人力资源政策制度改革相契合、与精细农业需求相对接、与精美农村建设相适应、与农业农村现代化相匹配的教育培训、认定管理、人才服务和政策扶持"四位一体"衔接配套的精勤农民培育制度。一是创新农业农村从业人员培训体系。以生产技能和经营管理水平提升为主线，分阶段进行集中培训、实习实训、参观考察和生产实践，推广"产学合作""职业培训包""互联网+"等先进培训方式，提高培训便利度和可及性；建立多元化培养体系，鼓励涉农高校、职教中心等发挥资源优势，拓展面向高素质农民的培训服务，引导专业协会、技术服务公司等主体进课堂，提供专项技术培训服务，采取送技能下乡、送技能到田间等灵活多样的培训形式，实现对农村转移就业劳动者职业技能培训全覆盖。二是构建高素质农

民指标评价体系。分类推进农村从业人员管理，以生产经营型、专业技能型和社会服务型为重点开展认定工作，明确条件和规范程序；建立技能培训与职业教育衔接机制，探索培训时长、学分、证书转换互认，畅通各层次教育培训渠道。三是做好延伸服务。持续跟踪服务农民训后产业发展，开展政策宣讲、项目推介、技术指导等延伸服务，集成落实土地流转、农业项目、产业扶持、农业担保、农村产权抵押融资、地方特色农业保险等扶持政策，支持精勤农民发展。鼓励、推动农技推广人员、涉农院校专家为精勤农民提供技术培训与跟踪服务。四是提高培育财政保障。各级财政部门要按照精勤农民培育要求和目标，做好专项、配套资金安排，落实资金保障。同时，动员农业企业加强员工技能培训，鼓励社会力量参与精勤农民培育项目建设，形成政府、企业、社会多元化的精勤农民培育投入机制。

3. 提升教育培训精准性

一是突出重点。突出培训重点群体，主要面向具有深厚"三农"情怀、有扎根农业意愿的农业经理人、新型农业经营主体带头人、农村实用人才带头人、农业技术人员、农村创业创新青年和产业扶贫带头人等对象，强化学员遴选。二是因材施教。推动分层分类分模块按周期培训，提高培训的针对性、精准性、有效性。对留守农村一直从事农业的农民，考虑其年龄偏大的实际，着重提升其劳动技能、经营能力等综合素质，增强其应对现代农业发展带来的冲击的能力。对仍在乡村的青年农民，综合考虑其年龄、基础知识相对较好、接受新知识新事物快特别是对信息互联网技术应用等优势，着重增强其爱农意识、精勤意识、市场化经营能力，将之培养成复合型高素质农民。对返乡入乡创业者，则要着重补充其农业生产规律、特点以及农村文化、风土人情等知识短板，提高其创新创业能力、市场扩张能力、新业态开辟能力等。三是分层分类培训。省级重点针对农业产业领军人才、农业职业经理人、农民合作社带头人、家庭农场经营者等各类农村实用人才带头人，开展示范性培训；县级重点面向家庭农场、专业大户、农民专业合作社、农业企业、农创客、农业社会化服务组织从业人员，开展专项技术技能培训。四是重点扶持建设一批乡村数字化培训基地，完善乡村振兴人才培训网络体系。

4. 实施重大培训工程和行动计划

一是持续实施高素质农民培育"十百千万工程"。每年评选十大杰出新型职业农民，建立100个新型职业农民培育示范基地（创新创业孵化器、田间学校和实训基地），培育1000个现代青年农场主和10000名高素质农民。二是实施"百万高素质农民学历提升行动计划"。组织有学历需求的参训人员与职业院校对接，探索涉农院校人才培养新机制新模式，创设农业农村发展建设新专业，推行农学结合、弹性学制，支持更多高素质农民提升学历层次。三是全面落实新一轮家庭农场主轮训。四是深入实施"广东技工""粤菜师傅""南粤家政"技能提升工程。五是实施广东农业云学堂暨"万名新农人直播电商人才培训计划""广东百万农民线上免费培训工程"，开展农民线上直播培训，培育百万名农业短视频直播电商人才。

5. 加强师资队伍建设

加强"双师型"队伍建设，实施师资轮训与知识更新工程。培养一批来自院校的接地气的理论教师和创业导师，培养一批来自推广队伍的产业技术讲师，培养一批管理干部成为政策宣讲师，培养一批生产一线带头人成为实训讲师。完善专技人才对口培训帮扶措施，落实珠江三角洲地区6市对口帮扶粤东西北12市的制度安排，提升人才驿站作用。

6. 打造精品教材

突出产业引导，坚持课程设置与产业需求相结合，科学编制培养方案，设置实用性、操作性强的课程内容。推进文字教材和多媒体教材共同建设，构建特色鲜明、内容全面、简明易懂、形式多样、务实管用的教材体系。加强音视频资源和多媒体课件等学习资源开发建设，满足农民多元化需求。

（二）营造高素质农民发展的良好环境

不断强化政策保障，创新平台载体，加大宣传力度，为高素质农民提供更大发展空间，发挥高素质农民熟悉农业、热爱农村、关爱农民的优势，促进其引领现代农业发展，引领乡村全面振兴，引领农民全面发展。

1. 营造良好的创新创业环境

打造农业农村"双创"升级版，释放高素质农民活力。一是进一步简化工作流程，提高审批效能，依托"数字政府"改革建设，推动创新创业服务数据上云、服务下沉，实现"粤省事""粤商通""粤政易"服务城乡全覆盖，为从事农村创新创业的各类主体提供高效便捷政务服务。二是细化落实扶持政策，配套实施财政贴息、以奖代补、风险补偿、创业担保、税费减免等扶持措施，明确农村创新创业纳入小微企业融资优惠政策支持范围；设立农村创新创业专项基金，引导撬动金融和社会资本支持农村创新创业；对村庄整治、宅基地整理等节约的建设用地，以入股、联营等方式用于支持创业主体发展新产业新业态；依托基层就业和社会保障服务平台，做好下乡返乡人员创业服务和社保关系转移接续等工作。三是完善医疗、养老、育幼等社会保障体系。

2. 增强政策的精准性和扶持力度

一是加强高素质农民登记和备案，对高素质农民实施精准补贴政策，让真正种地的农民拿到补贴，让从事农业的农民真正成为政策的受益者；二是切实提高高素质农民的社会认可度，使高素质农民享受积分入户和职称评定等待遇；三是鼓励有条件的地方先行先试，探索建立并完善高素质农民社会保障体系；四是鼓励和引导高素质农民先进典型申报农业项目，并给予项目申报的资金支持；五是把新型职业农民培育示范点和孵化基地作为省级财政专项资金支持的重点，建立并拓宽农民向新型职业农民转型升级的通道，注重发挥专业大户、家庭农场、农业企业等新型农业经营主体在农业生产和经营方面的技术引领及示范带动作用，鼓励典型的新型农业经营主体设立新型职业农民教育培训点，支持有实力的主体设立新型职业农民孵化器（基地），逐步建立起符合广东现代农业发展需要的高素质农民聚集地，着力打造高素质农民储备基地和创新创业集聚中心。

3. 丰富高素质农民发展平台载体

搭建交流合作平台，推动高素质农民之间的技术和经验合作交流，并为其提供各种农业技术的展示平台，如创新创业项目路演及各种农业技术技能竞赛等。开展丰富的农民体育健身赛事活动，支持高素质农民参加多种形式的技术技能比赛，为高素质农民展示自我提供更大舞台，传承优秀民族传统文化，丰富农民精神文化生活，促进农民全面发展。健全各类新型农业经营主体和社会服务组织，创新农业经营主体的利益联结机制，将高素质农民以及更多的小农户调动和组织起来，带动小农户实现抱团发展。支持职业农民跨省、出境、出国交流与学习。

（三）加大宣传发动力度

一是做好培育宣传。充分利用互联网、广播、电视、报刊等媒体资源，加强政策引导，加大宣传力度，让各级政府部门、社会机构和广大农民充分认识高素质农民培育工程的重要意义，营造全社会关心支持培育高素质农民的良好舆论氛围。二是开展主题宣传活动，积极向公众发布创新创业优惠政策等信息，宣传推介农村创新创业鲜活典型，营造崇尚创新、鼓励创业的政策环境。三是加大高素质农民典型宣介力度。树标杆、立典型、讲经验、推模式，日常宣传、重点宣传、点对点宣传多措并举，加强对典型案例和成功经验的宣传推广。

（四）提升高素质农民信息化管理水平

一是充分利用培训向高素质农民推广"全国农业科教云平台""云上智农 APP"

的使用，建设"广东省高素质农民培育信息管理系统"，并与农业农村部信息平台相互衔接。二是建设高素质农民信息管理库和省级高素质农民培训机构数据库。对高素质农民的基本情况、年产量、产业效益、扶持情况、认定情况等和培训机构适时更新完善，实行动态管理，做好动态监测。